"Com base em sua experiência pessoal e em pesquisas aprofundadas, a inspirada Brené Brown investiga os paradoxos da seguinte equação: nos tornamos fortes ao aceitar a nossa vulnerabilidade, e somos mais ousados quando admitimos nossos medos. Não consigo parar de pensar neste livro."

— Gretchen Rubin, autora de *Projeto Felicidade*

"Brené Brown se define como uma criadora de mapas e uma viajante. Para mim, ela é uma excelente guia. E acredito que o mundo precisa de mais guias como ela que nos mostrem um caminho mais ousado para o nosso mundo interior. Se você gostaria de ser mais corajoso e conectado, mais saudável e envolvido, deixe o GPS em casa. Este livro é a rota de navegação de que você precisa."

— Maria Shriver, autora de *Quem você quer ser?*

"O que me impressiona neste livro é a sua combinação ímpar de pesquisa consistente com bate-papo na mesa da cozinha. Brené se torna uma pessoa tão real em seu livro que é possível ouvir a sua voz perguntando: 'Você já ousou bastante hoje?' O convite contido neste livro é bem claro: temos que ser maiores do que a ansiedade, do que o medo e do que a vergonha de falar, agir e se mostrar. O mundo precisa deste livro e a mistura singular que Brené consegue de calor humano, humor e liberação faz dela a pessoa certa para nos ajudar a ousar."

— Harriet Lerner, Ph.D., autora de *Mudando os padrões dos relacionamentos íntimos*

"*A coragem de ser imperfeito* é um livro importante – um alerta oportuno sobre o perigo de perseguir a certeza e o controle acima de qualquer coisa. Brené Brown nos oferece um guia valioso para a maior recompensa que a vulnerabilidade pode trazer: uma coragem maior."

— Daniel H. Pink, autor de *Motivação 3.0.*

"Esta é a essência deste livro: vulnerabilidade é coragem em você mas inadequação em mim. O livro de Brené, harmonizando pesquisa acadêmica com histórias do Texas, nos mostra um caminho de libertação. E não pense que é apenas para mulheres. Os homens, mais ainda, carregam o fardo de *serem fortes e nunca fraquejarem*, e pagamos um preço alto por isso. *A coragem de ser imperfeito* é útil para todos nós."

— Michael Bungay Stanier, autor de *Do More Great Work*

"Confio profundamente em Brené Brown – em sua pesquisa, inteligência, integridade e qualidade como pessoa. Portanto, quando ela decide tratar de uma importante virtude que podemos cultivar para ter sucesso profissional, relacionamentos saudáveis, felicidade familiar e uma vida corajosa e apaixonada... eu estou dentro! Mesmo quando esta virtude se traduz na atitude arriscada de se mostrar vulnerável. Brené ousou ao escrever este livro, e você se beneficiará muito ao lê-lo e ao colocar a sua sabedoria afiada em prática em todas as áreas de sua vida."

— Elizabeth Lesser, autora de *De coração aberto*

"Em uma época de pressão constante para a conformidade e o fingimento, *A coragem de ser imperfeito* oferece uma alternativa convincente: transformar sua vida sendo quem você realmente é. Tenha a coragem de ficar vulnerável! Ouse ler este livro!"

— Chris Guillebeau, autor de *A arte da não conformidade*

"Um livro maravilhoso. Urgente, indispensável e fácil de ler. Não consegui colocá-lo de lado, e ele continua a repercutir em minha vida."

— Seth Godin, autor de *O melhor do mundo*

BRENÉ BROWN

A CORAGEM DE SER IMPERFEITO

COMO ACEITAR A PRÓPRIA VULNERABILIDADE, VENCER A VERGONHA E OUSAR SER QUEM VOCÊ É

SEXTANTE

Publicado mediante acordo com Gotham Books,
um membro da Penguin Group (USA) Inc.

coordenação editorial: Juliana Souza
produção editorial: Carolina Vaz
tradução: Joel Macedo
preparo de originais: Melissa Lopes Leite
revisão: Clarissa Peixoto, Isabella Leal e Rafaella Lemos
diagramação: Adriana Moreno
capa: Angelo Bottino
impressão e acabamento: Ipsis Gráfica e Editora

CIP-BRASIL. CATALOGAÇÃO NA PUBLICAÇÃO
SINDICATO NACIONAL DOS EDITORES DE LIVROS, RJ

B897c
Brown, Brené, 1965-
A coragem de ser imperfeito : como aceitar a própria vulnerabilidade, vencer a vergonha e ousar ser quem você é / Brené Brown ; tradução Joel Macedo. - 1. ed. - Rio de Janeiro : Sextante, 2025.
224 p. ; 23 cm.

Tradução de: Daring greatly
ISBN 978-85-431-1146-9

1. Assertividade (Psicologia). 2. Coragem. 3. Autorrealização (Psicologia). I. Macedo, Joel. II. Título.

25-99949.0 CDD: 158.1
CDU: 159.923.2

Carla Rosa Martins Gonçalves - Bibliotecária - CRB-7/4782

GMT Editores Ltda.
Rua Voluntários da Pátria, 45 – 14º andar – Botafogo
22270-000 – Rio de Janeiro – RJ
Tel.: (21) 2538-4100
E-mail: atendimento@sextante.com.br
www.sextante.com.br

Para Steve.
Você faz do mundo um lugar melhor
e de mim uma pessoa mais corajosa.

SUMÁRIO

PRÓLOGO

O QUE SIGNIFICA VIVER COM OUSADIA?

Não é o crítico que importa; nem aquele que aponta onde foi que o homem tropeçou ou como o autor das façanhas poderia ter feito melhor. O crédito pertence ao homem que está por inteiro na arena da vida, cujo rosto está manchado de poeira, suor e sangue; que luta bravamente; que erra, que decepciona, porque não há esforço sem erros e decepções; mas que, na verdade, se empenha em seus feitos; conhece o entusiasmo, as grandes paixões; se entrega a uma causa digna; e que, na melhor das hipóteses, conhece no final o triunfo da grande conquista e que, na pior, se fracassar, ao menos fracassa ousando grandemente.

Trecho do discurso "Cidadania em uma República" (ou "O Homem na Arena"), proferido na Sorbonne por Theodore Roosevelt, em 23 de abril de 1910.

As palavras do ex-presidente americano ecoam tudo o que aprendi em mais de uma década de pesquisa sobre vulnerabilidade. *Vulnerabilidade não é conhecer a vitória ou a derrota. É compreender a necessidade de ambas, é se envolver, se entregar por inteiro.*

Vulnerabilidade não é fraqueza; e a incerteza, os riscos e a exposição emocional que enfrentamos todos os dias não são opcionais. Nossa única escolha tem a ver com o compromisso. A vontade de assumir os riscos e de se comprometer com a nossa vulnerabilidade determina o alcance de nossa coragem e nossa clareza de propósito. Por outro lado, o tamanho da barreira que erguemos para nos proteger da vulnerabilidade é uma medida de nosso medo e de nosso isolamento em relação à vida.

Quando passamos uma existência inteira esperando até nos tornarmos à prova de bala ou perfeitos para entrar no jogo, para entrar na **arena da vida**, sacrificamos relacionamentos e oportunidades que podem ser irrecuperáveis, desperdiçamos nosso tempo precioso e viramos as costas para os nossos talentos, aquelas contribuições exclusivas que somente nós mesmos podemos dar.

Ser "perfeito" e "à prova de bala" são conceitos bastante sedutores, mas que não se aplicam à realidade humana. Devemos respirar fundo e entrar na arena, qualquer que seja ela: um novo relacionamento, um encontro importante, uma conversa difícil em família ou uma contribuição criativa. Em vez de nos sentarmos à beira do caminho e vivermos de julgamentos e críticas, nós devemos ousar aparecer e deixar que nos vejam. Isso é vulnerabilidade. Isso é a coragem de ser imperfeito. Isso é **viver com ousadia**.

INTRODUÇÃO

MINHAS AVENTURAS NA ARENA DA VIDA

Passei a vida inteira tentando contornar e vencer a vulnerabilidade. Tenho aversão a incertezas e a exposições emocionais. Na época do colégio, quando a maioria de nós passa a lutar com a vulnerabilidade, comecei a desenvolver e afiar o meu arsenal de defesa contra essa emoção incômoda.

Por muito tempo tentei de tudo – desde ser a "garota perfeitinha" até me tornar a poeta exótica, a ativista indignada, a profissional ambiciosa, a baladeira descontrolada. À primeira vista, esses papéis podem parecer estágios de desenvolvimento razoáveis, senão previsíveis, mas eles eram mais do que isso para mim. Todas essas etapas constituíam diferentes armaduras que me impediam de me tornar excessivamente comprometida e vulnerável. Cada tática era construída sobre a mesma premissa: *manter todo mundo a uma distância segura e sempre ter uma saída estratégica.*

Apesar do meu medo da vulnerabilidade, sei que herdei um coração amoroso e um caráter solidário. Então, perto de completar 30 anos, deixei um cargo de gerência na gigante das telecomunicações AT&T, arranjei um emprego de garçonete e voltei à faculdade para me formar como assistente social.

Assim como muitas pessoas que se interessam pelo serviço social, eu gostava da ideia de "consertar" gente e sistemas. Foi só quando já havia terminado o bacharelado e cursava o mestrado que percebi que o serviço social não tinha a ver com "consertar". Em vez disso, trata-se de contextualizar e apoiar. Sua missão é mergulhar no desconforto da ambiguidade e da incerteza e criar um espaço de solidariedade para que as pessoas encontrem o próprio caminho.

Enquanto eu lutava para descobrir como uma carreira no campo da assistência social poderia realmente dar certo para mim, fui fulminada pela afirmação de um de meus orientadores: "Se você não consegue medir, não existe." Ele explicava que, diferentemente de outras matérias do curso, pesquisa tem tudo a ver com previsão e controle. Fiquei impressionada. "Você quer dizer que, em vez de apoiar e acolher, eu deveria dedicar minha carreira à previsão e ao controle?" Naquele instante eu descobri a minha vocação. Hoje posso dizer que sou uma pesquisadora de dados qualitativos, ou seja: uma contadora de histórias.

A maior certeza que eu trouxe da minha formação em serviço social é esta: **estamos aqui para criar vínculos com as pessoas**. Fomos concebidos para nos conectar uns com os outros. Esse contato é o que dá propósito e sentido à nossa vida, e, sem ele, sofremos. Por isso decidi desenvolver uma pesquisa que explicasse a anatomia do vínculo humano, das relações e das conexões entre as pessoas.

Quando os participantes da minha pesquisa eram solicitados a compartilhar seus relacionamentos e suas experiências de vínculo mais importantes, sempre me falavam de decepções, traições e humilhações – do medo de não serem dignos de uma conexão verdadeira. Parece que nós, seres humanos, temos uma tendência a definir as coisas pelo que elas não são, sobretudo quando se trata de experiências emocionais. Esse fato realmente chamou a minha atenção.

Portanto, um pouco por acaso, eu passei a pesquisar os sentimentos de vergonha e empatia, e levei seis anos desenvolvendo uma teoria que explica o que é a vergonha, como funciona e o que fazer para combater a crença de que não somos bons o bastante e de que não somos dignos de amor e de relacionamentos. Em 2006, descobri que, além de compreender esse sentimento, comecei a querer investigar o outro lado da moeda: o que têm em comum as pessoas que lidam bem com a vergonha e acreditam no próprio valor – que eu chamo de "pessoas plenas"?

No meu livro *A arte da imperfeição*, defino os 10 sinais de uma vida abundante, que indicam o que uma **pessoa plena** se esforça para cultivar e do que ela luta para se libertar.

Uma pessoa plena:

1. Cultiva a autenticidade; se liberta do que os outros pensam.
2. Cultiva a autocompaixão; se liberta do perfeccionismo.
3. Cultiva um espírito flexível; se liberta da monotonia e da impotência.
4. Cultiva gratidão e alegria; se liberta do sentimento de escassez e do medo do desconhecido.
5. Cultiva intuição e fé; se liberta da necessidade de certezas.
6. Cultiva a criatividade; se liberta da comparação.
7. Cultiva o lazer e o descanso; se liberta da exaustão como símbolo de status e da produtividade como indicativo de autoestima.
8. Cultiva a calma e a tranquilidade; se liberta da ansiedade como estilo de vida.
9. Cultiva tarefas relevantes; se liberta de dúvidas e suposições.
10. Cultiva risadas, música e dança; se liberta da indiferença e de "estar sempre no controle".

Naquele livro escrevi detalhadamente sobre o que significa ser uma pessoa plena e sobre o despertar espiritual que advém dessa descoberta. Agora pretendo compartilhar a definição de uma vida plena e apresentar os cinco temas mais importantes que surgiram na coleta de dados e me levaram às revelações que apresento nesta obra.

Viver plenamente quer dizer abraçar a vida a partir de um sentimento de amor-próprio. Isso significa cultivar coragem, compaixão e vínculos suficientes para acordar de manhã e pensar: "Não importa o que eu fizer hoje ou o que eu deixar de fazer, eu tenho meu valor." E ir para a cama à noite e dizer: "Sim, eu sou imperfeito, vulnerável e às vezes tenho medo, mas isso não muda a verdade de que também sou corajoso e merecedor de amor e aceitação."

A definição de vulnerabilidade se baseia nos seguintes ideais fundamentais:

1. Amor e aceitação são necessidades irredutíveis de todas as pessoas. Fomos concebidos para criar vínculos com os outros – isso é o que dá sentido e significado à nossa vida. A ausência de amor, de aceitação e de contato sempre leva ao sofrimento.
2. Se os homens e as mulheres que entrevistei na pesquisa fossem divididos em dois grupos – aqueles que têm um senso profundo de amor e de aceitação e aqueles que lutam para conquistar isso –, apenas uma variável os separaria. Aqueles que amam e vivenciam a aceitação simplesmente acreditam que são *dignos* disso. Eles não têm vidas melhores ou mais fáceis, não têm problemas menores e não passaram por menos traumas, falências ou separações. No meio de todas essas lutas, eles desenvolveram práticas que os tornaram capazes de se agarrar à crença de que são dignos de amor, de aceitação e até mesmo de alegria.
3. A preocupação principal de indivíduos plenos é viver uma vida orientada pela coragem, pela compaixão e pelo vínculo humano.
4. As pessoas plenas identificam a vulnerabilidade como um catalisador de coragem, compaixão e vínculos. Na verdade, a disposição para estar vulnerável foi o único traço claramente compartilhado por todas as mulheres e homens que eu descreveria como plenos. Eles atribuem todas as suas conquistas – desde seu sucesso profissional até o casamento e os momentos felizes como pais – à capacidade que têm de se tornarem vulneráveis.

Desde o início das minhas pesquisas, abraçar a vulnerabilidade surgiu como uma temática importante. A relação entre esta e as outras emoções que estudei ficou clara para mim. Nos livros anteriores eu presumi que as relações entre vulnerabilidade e conceitos diferentes como vergonha, aceitação e autovalorização são coincidências. Só depois de 12 anos investigando cada vez mais fundo essa questão compreendi o papel que ela desempenha em nossa vida. A vulnerabilidade é o coração e o centro das experiências humanas significativas.

Essa nova informação me trouxe um grande dilema: por um lado, como é possível falar sobre a importância da vulnerabilidade de forma honesta e relevante sem que eu mesma esteja vulnerável? Por outro, como é possível estar vulnerável sem sacrificar a própria legitimidade como pesquisadora?

Acredito que a receptividade emocional seja motivo de vergonha para muitos acadêmicos. No início da nossa formação somos ensinados que manter uma distância prudente e certo grau de inacessibilidade contribuem para o prestígio do pesquisador, e que caso ele se envolva de maneira excessivamente emocional suas credenciais poderão ser questionadas. Se em muitos ambientes ser uma pessoa pedante é um insulto, na torre de marfim do mundo acadêmico somos instruídos a vestir o formalismo como se fosse uma armadura.

Como eu me arriscaria a estar realmente vulnerável e contar histórias sobre as atribulações da minha jornada nessa pesquisa sem parecer uma amadora? E quanto à minha armadura profissional?

Meu momento para "ousar grandemente", como Theodore Roosevelt estimulou seus cidadãos a fazer, chegou em junho de 2010, quando fui convidada a falar em Houston no evento da TED – uma entidade sem fins lucrativos do universo da Tecnologia, do Entretenimento e do Design, que é dedicada às "ideias que vale a pena espalhar". A TED e os organizadores desse evento reúnem "os pensadores e ativistas mais fascinantes do mundo" e os desafiam a dar a palestra de suas vidas em, no máximo, 18 minutos.

Eu esperava que os organizadores de eventos como esses ficassem um pouco tensos e receosos com o conteúdo da palestra de alguém que se dedica a pesquisar a vergonha e a vulnerabilidade. Porém, quando perguntei à equipe da TED sobre o que queriam que eu falasse, a resposta foi: "Nós gostamos muito do seu trabalho. Fale sobre o que mais a impressiona. Mostre o seu melhor. Estamos felizes por tê-la em nosso evento."

Adorei e ao mesmo tempo detestei a liberdade daquele convite. Eu oscilava entre me entregar ao desamparo e buscar refúgio nos velhos amigos: planejamento e controle. Decidi encarar o desafio.

Minha decisão de viver com ousadia derivou menos da minha autoconfiança e mais da fé em minha pesquisa. Sei que sou uma boa pesquisadora e acreditava que as conclusões que havia obtido das informações coletadas eram válidas e confiáveis. Também tratei de me convencer de que o evento não era uma coisa do outro mundo: "É em Houston, para uma plateia pequena. Na pior das hipóteses, 500 pessoas no auditório mais umas poucas assistindo ao vivo pela internet achariam que eu era uma louca."

Na manhã seguinte à palestra, acordei com uma das piores ressacas de vulnerabilidade da minha vida. Sabe aquela sensação de acordar e tudo parecer bem até que a lembrança de ter se revelado demais invade a sua mente e você quer se esconder debaixo das cobertas?

Mas não havia para onde correr. Seis meses depois, recebi um e-mail dos curadores da TED×Houston me parabenizando pelo fato de a palestra estar sendo incluída no site principal da organização. Eu sabia que isso era bom, uma honraria cobiçada, mas fiquei apavorada. Em primeiro lugar, eu já estava me habituando à ideia de "apenas" 500 pessoas acharem que eu era louca. Em segundo, numa cultura repleta de críticos e invejosos, sempre me senti mais segura em minha carreira permanecendo longe dos holofotes. Olhando para trás, não tenho certeza de como responderia àquele e-mail se soubesse que meu vídeo sobre a vulnerabilidade se tornaria um sucesso e que, ironicamente, me faria sentir tão desconfortável, vulnerável e exposta.

Hoje essa palestra é uma das mais visitadas no site TED.com, com mais de 5 milhões de acessos (em 2025, são mais de 60 milhões) e tradução para 38 idiomas. Mas nunca tive coragem de assistir ao vídeo. Fico feliz por ter chegado lá, mas essa exposição ainda faz com que eu me sinta realmente constrangida.

O ano de 2010 foi o da palestra TED×Houston, e 2011 foi o ano de dar continuidade a ela. Atravessei os Estados Unidos falando para grupos variados, desde empresas da lista da *Fortune 500*, coaches de liderança e militares, até advogados, grupos de pais e estudantes. Em 2012 fui convidada para dar outra palestra na conferência principal da TED em Long Beach, na Califórnia. Para mim, essa foi minha oportunidade para divulgar o trabalho que tinha sido a base de toda a minha pesquisa: falei sobre a vergonha e sobre como nós precisamos compreendê-la e superá-la se quisermos verdadeiramente viver com ousadia.

Minhas palestras em empresas quase sempre giram em torno de liderança, criatividade e inovação. Desde os executivos de alto nível até os profissionais da linha de frente, os problemas mais significativos que todos admitiram enfrentar se originam da desmotivação, da falta de um feedback de qualidade, do medo de ficar ultrapassado em meio às mudanças aceleradas e, por fim, da necessidade de uma maior clareza de objetivos. Se quisermos reacender a novidade e a paixão, precisamos reumanizar o trabalho. Quando a vergonha se torna um estilo de gerenciamento, a motivação vai embora. Quando errar não é uma opção, não existe aprendizado, criatividade ou inovação.

Quando se trata de criar filhos, a prática de estigmatizar mães e pais como bons ou maus é ao mesmo tempo exagerada e destrutiva – e transforma a criação de filhos em um campo minado. As questões fundamentais para os pais deveriam ser: "Você está comprometido? Você está atento?" Se estiverem, preparem-se para cometer muitos erros e tomar decisões ruins. Perfeição não existe, e o que torna os filhos felizes nem sempre os prepara para serem adultos corajosos e comprometidos.

O mesmo serve para as escolas. Nesse contexto, não foi encontrado um problema sequer que não fosse atribuído a alguma combinação entre a desmotivação de pais, professores, diretores e/ou alunos e o conflito de interesses que competem entre si para a definição de um objetivo.

O maior desafio e também o elemento mais gratificante do meu trabalho é conseguir ser, ao mesmo tempo, uma construtora de mapas e uma viajante. Meus mapas, ou teorias, sobre vergonha, plenitude e vulnerabilidade não foram construídos a partir das experiências de minhas viagens, mas a partir das informações que coletei nos últimos 12 anos – as vivências de milhares de homens e mulheres que dão passos largos na direção em que eu e muitos outros queremos orientar nossas vidas.

O que todos nós temos em comum é a verdade que constitui a essência deste livro: *o que nós sabemos tem importância, mas quem nós somos importa muito mais.* Ser, em vez de saber, exige atitude e disposição para se deixar ser visto. Isso requer viver com ousadia, estar vulnerável. O primeiro passo dessa viagem é entender onde estamos, contra o que lutamos e aonde precisamos chegar. Creio que poderemos fazer isso melhor ao examinarmos a ideia tão difundida de nunca nos julgarmos bons o bastante.

1

ESCASSEZ: POR DENTRO DA CULTURA DE NÃO SER BOM O BASTANTE

Após realizar essa pesquisa durante 12 anos e observar o avanço do conceito da escassez, que passou a assolar nossas famílias, organizações e comunidades, chego à conclusão de que já estamos cansados de sentir medo. Nós queremos viver com ousadia.

Durante uma de minhas palestras, uma mulher da plateia comentou: "As crianças de hoje se acham muito especiais. O que está transformando tantas pessoas em narcisistas?" Sinto certa tristeza quando vejo como o termo "narcisismo" vem sendo usado. *O Facebook é tão narcisista! Por que as pessoas acham que o que elas estão fazendo é tão importante? As crianças são tão narcisistas! É sempre eu, eu, eu... Meu chefe é narcisista demais. Ele se acha melhor do que todo mundo e está sempre menosprezando os outros.*

E enquanto os leigos usam "narcisismo" como um diagnóstico que serve para tudo – desde a arrogância até o comportamento rude –, os pesquisadores e profissionais ligados à saúde física e mental estão testando a elasticidade do conceito de todas as formas imagináveis. Recentemente, um grupo de pesquisadores fez uma análise em três décadas de canções que chegaram ao topo das paradas de sucesso. Eles registraram uma tendência estatística significativa para o narcisismo e a hostilidade na música popular. Em consonância com a hipótese, encontraram uma diminuição expressiva do uso de "nós" e "nosso" e um aumento do uso de "eu" e "meu".

Os pesquisadores também relataram um declínio das palavras relacionadas a solidariedade e emoções positivas, e um aumento das palavras relacionadas a ira e comportamentos antissociais, como "ódio" e "matar". Dois pesquisadores da equipe, Jean Twenge e Keith Campbell, autores do livro *The Narcissism Epidemic* (A epidemia do narcisismo), argumentaram que a incidência do transtorno de personalidade narcisista mais que dobrou nos Estados Unidos nos últimos 10 anos.

Então é isso? Estamos cercados de narcisistas? Nós nos transformamos em uma sociedade de pessoas egoístas e pretensiosas, que só se interessam por poder, sucesso, beleza e em se tornarem importantes? Será que estamos com o ego tão inflado que acreditamos ser superiores mesmo quando não estamos contribuindo com nada relevante nem produzindo algo de valor?

Se você é como eu, provavelmente estará refletindo um pouco e pensando: "Sim. O problema é exatamente esse. Não comigo, é claro. Mas, em termos gerais, essa parece ser mesmo a situação."

É reconfortante ter uma explicação, principalmente uma que faça com que nos sintamos melhor a respeito de nós mesmos e deposite a culpa nos outros. Na verdade, sempre que escuto pessoas usarem o argumento do narcisismo, ele geralmente vem acompanhado de um tom de desprezo, raiva e julgamento.

Nossa primeira inclinação é curar "os narcisistas" colocando-os em seu devido lugar. Não importa se estou falando com professores, grandes executivos ou meus vizinhos, a reação é a mesma: "Esses egocêntricos têm que saber que não são especiais, que não estão com essa bola toda, que não são os reis da cocada preta e que precisam descer do salto."

O tema do narcisismo penetrou tanto na consciência social que a maioria das pessoas o associa, corretamente, a um padrão de comportamento que inclui ideias de grandeza, uma necessidade gritante de admiração e falta de empatia. O que quase ninguém compreende é que todo nível de gravidade nesse diagnóstico está determinado pelo medo da humilhação. O que significa que não "consertamos" o narcisismo de alguém colocando a pessoa no lugar dela e lembrando-a de suas imperfeições e de sua mediocridade. A humilhação está mais para a causa desses comportamentos do que para a sua cura.

ANALISANDO O NARCISISMO PELAS LENTES DA VULNERABILIDADE

Diagnosticar e rotular pessoas cujas batalhas são mais contextuais ou adquiridas do que genéticas ou orgânicas é, com frequência, bem mais prejudicial do que útil para a cura e a mudança.

Catalogar o problema colocando o foco em quem as pessoas são em vez de nas escolhas que elas estão fazendo deixa todo mundo isento: "Que pena. Eu sou assim." Como acredito que devemos responsabilizar as pessoas por seus comportamentos, não estou falando aqui de "culpar o sistema", mas de entender as causas para que seja possível lidar com os problemas.

Costuma ser útil identificar modelos de comportamento e entender o que eles podem indicar, mas isso é bem diferente de ser definido por um diagnóstico, algo que, como mostra a minha pesquisa, geralmente aumenta o medo da vergonha e impede as pessoas de procurarem ajuda.

Precisamos compreender essas tendências e influências comportamentais, mas considero mais proveitoso, e até mais transformador em muitos casos, examinar os modelos de comportamento pelas lentes da vulnerabilidade. Por exemplo, quando analiso o narcisismo sob esse ponto de vista, **enxergo o medo da humilhação de ser alguém comum**. Identifico o receio de nunca se sentir bom o bastante para ser notado, amado, aceito ou para perseguir um objetivo. Algumas vezes, o simples ato de humanizar problemas lança uma luz importante sobre eles, luz que muitas vezes se apaga no minuto em que o rótulo estigmatizante lhe é lançado.

Essa nova definição de narcisismo traz muita clareza e ilumina tanto a fonte do problema quanto suas possíveis soluções. Consigo ver com nitidez como e por que cada vez mais pessoas se esforçam para tentar acreditar que são suficientemente boas. Percebo uma mensagem subliminar por todos os lugares dizendo que uma vida comum é uma vida sem sentido. E noto como as crianças que crescem num ambiente de reality shows, culto à celebridade e mídia social sem controle podem absorver essa mensagem e desenvolver uma visão de mundo completamente distorcida: "O meu valor é medido pela quantidade de pessoas que curtem minhas postagens no Facebook ou no Instagram."

Pelo fato de sermos todos suscetíveis à propaganda de massa que deflagra tais comportamentos, essa nova lente de observação remove a oposição "nós versus aqueles malditos narcisistas".

A vontade de acreditar que o que estamos fazendo tem importância é facilmente confundida com o estímulo para sermos extraordinários. É sedutor usar o parâmetro do culto à celebridade para medir a significância ou insignificância de nossas vidas. As ideias de grandeza e a necessidade de admiração parecem um bálsamo para aliviar a dor de sermos tão comuns e inadequados. Sim, esses pensamentos e comportamentos, no final, causam mais dor e levam a mais isolamento. Porém, quando estamos sofrendo e o amor e os relacionamentos estão pesando na balança, nós nos agarramos àquilo que parece nos oferecer maior proteção.

Certamente existem situações em que um diagnóstico pode ser necessário para que o tratamento correto seja encontrado, mas todo mundo também pode ser beneficiado pela abordagem dos conflitos através das lentes da vulnerabilidade. Sempre é possível aprender alguma coisa quando consideramos as questões a seguir:

1. Quais são as mensagens e as expectativas que definem a sociedade em que vivemos? Como a cultura social influencia nossos comportamentos?
2. De que maneira as dificuldades que enfrentamos produzem comportamentos cujo objetivo principal é nos proteger?
3. Como nossos comportamentos, pensamentos e emoções estão relacionados à vulnerabilidade e à necessidade de um forte sentido de valorização?

Voltando à problemática anterior, sobre estarmos ou não cercados de pessoas com transtorno de personalidade narcisista, acredito que exista uma poderosa influência social em ação agora mesmo – e que o medo de ser comum faça parte dela –, mas tenho certeza de que a resposta está em uma camada mais profunda. Para encontrar a fonte, devemos passar longe da linguagem abusiva e estigmatizante.

Se ampliarmos a perspectiva, a visão muda. Sem perder de vista os problemas que viemos discutindo, podemos enxergá-los como parte de um quadro maior. Isso nos permite identificar perfeitamente a maior influência cultural de nossa época – o contexto capaz de explicar o que todos identificam como uma epidemia de narcisismo. Além disso, ele também proporciona uma visão panorâmica das ideologias, dos comportamentos e dos sentimentos que estão transformando lentamente quem nós somos e a maneira como vivemos, nos relacionamos, trabalhamos, lideramos, cuidamos dos filhos, governamos, ensinamos e nos conectamos uns com os outros. O contexto a que me refiro é a nossa cultura da escassez.

ESCASSEZ: O PROBLEMA DE NUNCA SER BOM O BASTANTE

Um aspecto crucial do meu trabalho é encontrar uma linguagem que expresse com precisão os dados obtidos e também seja profundamente compreendida pelos participantes da pesquisa. Quando as pessoas ouvem ou leem a frase *Nunca ser __________ o bastante,* levam apenas alguns segundos para começarem a preencher as lacunas:

1. Nunca ser bom o bastante.
2. Nunca ser perfeito o bastante.
3. Nunca ser magro o bastante.
4. Nunca ser poderoso o bastante.
5. Nunca ser bem-sucedido o bastante.
6. Nunca ser inteligente o bastante.
7. Nunca ser correto o bastante.
8. Nunca ser seguro o bastante.
9. Nunca ser extraordinário o bastante.

Uma de minhas autoras favoritas sobre escassez é Lynne Twist, ativista global e arrecadadora de fundos sociais. Em seu livro *The Soul of Money* (A alma do dinheiro), ela se refere à escassez como "a grande mentira". Lynne escreve:

> Para mim e para muitos de nós, o primeiro pensamento do dia, ainda na cama, é: "Não dormi o suficiente." O seguinte é: "Não tenho tempo suficiente." Esse pensamento de *não suficiência* vem a nós automaticamente, antes mesmo de podermos nos dar conta de sua presença ou examiná-lo. Passamos a maior parte de nossas vidas ouvindo, explicando, reclamando ou nos preocupando com o que não temos em quantidade ou grau suficiente. (...) Antes de nos sentarmos na cama, antes de nossos pés tocarem o chão, já nos sentimos inadequados, já ficamos para trás, já perdemos, já damos falta de alguma coisa. E quando voltamos para a cama à noite, nossa mente recita uma ladainha de coisas que não conseguimos ou não fizemos naquele dia. Vamos dormir com o peso desses pensamentos e despertamos para lamentar mais faltas. (...) Essa situação interna de escassez, essa tendência mental à escassez, habita no âmago do ciúme, da cobiça, do preconceito e de nossas interações com a vida.

A escassez, portanto, é o problema de nunca ser ou ter o bastante. Ela triunfa em uma sociedade onde todos estão hiperconscientes da falta. Tudo, de segurança e amor até dinheiro e recursos, passa por uma sensação de inadequação ou falta. Gastamos uma enormidade de tempo calculando quanto temos, não temos, queremos ou poderemos ter, e quanto todos os outros têm, precisam e querem ter.

O que torna essa avaliação constante tão desoladora é que, quase sempre, comparamos nossa vida, nosso casamento, nossa família e nosso trabalho com a visão de perfeição inatingível propagada pela mídia, ou então comparamos nossa realidade com a visão ficcional de quanto alguém próximo de nós já conquistou.

A nostalgia do passado também é uma forma perigosa de comparação.

Repare com que frequência você compara a sua vida atual com uma lembrança de bem-estar que a nostalgia editou em sua mente, mas que nunca existiu de verdade: "Lembra-se de quando...? Ah, bons tempos!"

A FONTE DA ESCASSEZ

A escassez não se instala numa cultura da noite para o dia. O sentimento de falta e privação floresce em sociedades com tendência à vergonha e à humilhação e que estejam profundamente enraizadas na comparação e despedaçadas pela desmotivação. (Quando menciono uma cultura com tendência à vergonha, não quero dizer que temos vergonha de nossa identidade coletiva, mas que há muitos entre nós sofrendo com a questão da desvalorização que vem modelando a sociedade.)

Nos últimos 10 anos, testemunhei grandes mudanças no Zeitgeist de meu país. Identifiquei essas transformações por meio da coleta de dados e as reconheci nos rostos das pessoas que encontrei, entrevistei e com quem conversei. O mundo nunca esteve numa situação tranquila, mas a década passada foi tão traumática para um grande número de pessoas que isso chegou a causar mudanças em nossa sociedade. Passamos pelo 11 de Setembro, por várias guerras, recessão, desastres naturais de enormes proporções e pelo aumento da violência gratuita e dos assassinatos em escolas. Testemunhamos acontecimentos que vêm dilacerando nossa sensação de segurança com tamanha força que nós os vivenciamos como traumas pessoais, mesmo sem estarmos envolvidos neles de forma direta.

E quando se trata do número impressionante de desempregados e subempregados em diversas partes do mundo, é como se todos tivéssemos sido diretamente afetados ou fôssemos próximos de alguém que passou ou esteja passando por isso.

A preocupação com a escassez é a versão da nossa cultura para o estresse pós-traumático. Ela surge depois que estivemos no limite por muito tempo e, em vez de nos unirmos para resolver o problema (o que requer vulnerabilidade), ficamos zangados e assustados. Não é apenas a sociedade mais ampla que está sofrendo: encontrei as mesmas dinâmicas de isolamento e raiva nas microssociedades da família, do trabalho, da escola e da comunidade. E todas elas compartilham a mesma fórmula de vergonha, comparação e desmotivação. A escassez encontra terreno fértil nessas condições e as perpetua, até que uma massa crítica de pessoas começa a fazer escolhas diferentes e a remodelar os contextos menores a que pertencem.

Um modo de pensar sobre os três componentes da fórmula da escassez e a maneira como eles influenciam a sociedade é refletir sobre as questões a seguir. Enquanto estiver lendo as perguntas, tenha em mente todos os ambientes ou sistemas sociais dos quais você faz parte, seja em sala de aula, em família, na comunidade ou talvez em sua própria equipe de trabalho.

1. **Vergonha:** O medo do ridículo e a depreciação são usados para controlar as pessoas e mantê-las na linha? Apontar culpados é uma prática comum? O valor de alguém está ligado ao sucesso, à produtividade ou à obediência? Humilhações e linguagem abusiva são frequentes? E quanto ao favoritismo? O perfeccionismo é uma realidade?
2. **Comparação:** A competição saudável pode ser benéfica, mas há comparação e disputa o tempo todo, velada ou abertamente? A criatividade tem sido sufocada? As pessoas são confinadas a padrões estreitos em vez de serem valorizadas por suas contribuições e seus talentos específicos? Há um modo ideal de ser ou um tipo de habilidade usado como medida de valor para todos?
3. **Desmotivação:** As pessoas estão com medo de correr riscos ou tentar coisas novas? É mais fácil ficar quieto do que compartilhar ideias, histórias e experiências? A impressão geral é de que ninguém está realmente prestando atenção ou escutando? Todos estão se esforçando para serem vistos e ouvidos?

Quando vejo essas perguntas e penso sobre a nossa macrossociedade, a mídia e o panorama social, econômico e político, minhas respostas são SIM, SIM e SIM!

Quando penso na minha família, sei que essas são as questões exatas que meu marido e eu tentamos superar todos os dias. Uso a palavra *superar* porque desenvolver um relacionamento, criar uma família, implantar uma cultura organizacional, administrar uma escola ou promover uma comunidade religiosa, de um jeito que seja fundamentalmente oposto às normas sociais governadas pela escassez, exige consciência, compromisso e muito trabalho – todos os dias. A macrossociedade está sempre exercendo pressão sobre nós e, a não ser que nossa intenção seja recuar e decidir lutar pelo que acreditamos, o estado permanente de escassez se torna o modus operandi.

Somos convocados a viver com ousadia cada vez que fazemos escolhas que desafiam o ambiente social de escassez.

O oposto de viver em escassez não é cultivar o excesso. Na verdade, excesso e escassez são dois lados da mesma moeda. O oposto da escassez é o suficiente, ou o que chamo de plenitude. Em sua essência, é a vulnerabilidade: enfrentar a incerteza, a exposição e os riscos emocionais, sabendo que eu sou o bastante.

Se você retornar aos três blocos de perguntas sobre escassez e se perguntar se desejaria ficar vulnerável em algum contexto definido por aqueles valores, a resposta para a maioria de nós é um sonoro "não". Se você se perguntar se essas condições o levam a desenvolver o amor-próprio e a autovalorização, a resposta é "não", mais uma vez. *Os elementos mais raros em uma sociedade da escassez são a disposição para assumir nossa vulnerabilidade e a capacidade de abraçar o mundo a partir da autovalorização e do merecimento.*

Após realizar essa pesquisa durante 12 anos e observar o avanço do conceito de escassez, que passou a assolar nossas famílias, organizações e comunidades, chego à conclusão de que já estamos cansados de sentir medo. Todos queremos ser corajosos. Nós queremos viver com ousadia. Estamos fartos do discurso geral que insiste em perguntar constantemente "O que devemos temer?" e "A quem devemos culpar?".

No próximo capítulo conversaremos sobre os mitos da vulnerabilidade que abastecem a escassez e sobre como a coragem começa a abrir caminho quando nos mostramos e nos permitimos ser vistos.

2

DERRUBANDO OS MITOS DA VULNERABILIDADE

É verdade que quando estamos vulneráveis ficamos
totalmente expostos, sentimos que entramos numa
câmara de tortura (que chamamos de incerteza)
e assumimos um risco emocional enorme.
Mas nada disso tem a ver com fraqueza.

MITO 1: "VULNERABILIDADE É FRAQUEZA"

A percepção de que estar vulnerável seja sinal de fraqueza é o mito mais amplamente aceito sobre a vulnerabilidade – e também o mais perigoso. Quando passamos a vida nos afastando e nos protegendo de um estado de vulnerabilidade ou de sermos vistos como sentimentais demais, ficamos contentes quando os outros são menos capazes de mascarar seus sentimentos. Chegamos ao ponto de, em vez de respeitarmos e admirarmos a coragem e a ousadia que estão por trás da vulnerabilidade, deixarmos o medo e o desconforto se tornarem julgamento e crítica.

Vulnerabilidade não é algo bom nem mau: não é o que chamamos de emoção negativa e nem sempre é uma luz, uma experiência positiva. Ela é o centro de todas as emoções e sensações. Sentir é estar vulnerável. Acreditar que vulnerabilidade seja fraqueza é o mesmo que acreditar que qualquer sentimento seja fraqueza. Abrir mão de nossas emoções por medo de que o custo seja muito alto significa nos afastarmos da única coisa que dá sentido e significado à vida.

Nossa rejeição da vulnerabilidade deriva com frequência da associação que fazemos entre ela e as emoções sombrias como o medo, a vergonha, o sofrimento, a tristeza e a decepção – sentimentos que não queremos abordar, mesmo quando afetam profundamente a maneira como vivemos, amamos, trabalhamos e até exercemos a liderança. O que muitos não conseguem entender, e que me consumiu uma década de pesquisa para descobrir, é que a vulnerabilidade é também o berço das emoções e das experiências que almejamos. Quando estamos vulneráveis é que nascem o amor, a aceitação, a alegria, a coragem, a empatia, a criatividade, a confiança e a autenticidade. Se desejamos uma clareza maior em nossos objetivos ou uma vida espiritual mais significativa, a vulnerabilidade com certeza é o caminho.

Sei que é difícil acreditar nisso, sobretudo quando passamos tanto tempo achando que vulnerabilidade e fraqueza são sinônimos, mas é a pura verdade. **Vulnerabilidade é incerteza, risco e exposição emocional.** Com essa definição em mente, vamos pensar sobre o amor.

Acordar todos os dias e amar alguém que pode ou não nos retribuir, cuja segurança não podemos garantir, que pode estar em nossas vidas um dia e partir sem aviso no outro, que pode ser fiel até a morte ou nos trair no dia seguinte – isso é vulnerabilidade. O amor é incerto e oferece um risco incrível. Amar alguém nos deixa emocionalmente expostos. Sim, é assustador e, sim, nós podemos ser magoados, mas você consegue imaginar a sua vida sem amar ou ser amado?

Exibir nossa arte, nossos textos, nossas fotos, nossas ideias ao mundo, sem garantia de aceitação ou apreciação, também significa nos colocar numa posição vulnerável. Quando nos entregamos aos momentos felizes de nossa vida, mesmo sabendo que eles são passageiros e que o mundo nos diz para não sermos felizes demais para não atrairmos desgraça – essa é uma forma intensa de vulnerabilidade.

O grande perigo é que começamos a enxergar os *sentimentos* como fraqueza. Com exceção da raiva (uma emoção secundária, que serve apenas como uma máscara socialmente aceitável para muitas emoções secretas bem mais difíceis que experimentamos), estamos perdendo a tolerância em relação aos sentimentos e, em consequência, em relação à vulnerabilidade.

Se quisermos recuperar a parte essencialmente emocional de nossa vida, reacender nossa paixão e retomar nossos objetivos, precisamos aprender a assumir nossa vulnerabilidade e acolher as emoções que resultam disso. Para alguns de nós é um aprendizado novo e, para outros, uma recapitulação. De qualquer forma, minha pesquisa me ensinou que a melhor maneira de começar é definindo, reconhecendo e compreendendo a vulnerabilidade.

A definição de vulnerabilidade se tornou realmente palpável para mim com os exemplos que as pessoas compartilharam quando pedi que completassem a frase: "Vulnerabilidade é ____________________." Eis algumas das respostas:

- expressar uma opinião impopular.
- me defender e me impor.
- pedir ajuda.
- dizer "não".
- começar meu próprio negócio.
- ajudar minha esposa de 37 anos com câncer de mama em estágio avançado a tomar decisões sobre seu testamento.
- tomar a iniciativa do sexo com minha esposa.
- tomar a iniciativa do sexo com meu marido.
- escutar meu filho dizer que seu sonho é reger a orquestra e incentivá-lo, mesmo sabendo que isso provavelmente nunca vai acontecer.
- telefonar para um amigo cujo filho acaba de morrer.
- decidir colocar minha mãe num asilo.
- o primeiro encontro amoroso depois do divórcio.
- ser o primeiro a dizer "Eu te amo" sem saber se é recíproco.
- mostrar alguma coisa que escrevi ou alguma obra artística que eu tenha criado.

- ser promovido e não saber se terei sucesso no novo cargo.
- ser demitido.
- me apaixonar.
- tentar alguma coisa nova.
- apresentar o novo namorado para a família.
- ficar grávida depois de três abortos.
- esperar o resultado da biópsia.
- fazer exercícios em público mesmo quando estou fora de forma e quando não sei bem o que estou fazendo.
- admitir que estou com medo.
- voltar para a partida depois de ter errado muitas jogadas.
- dizer ao meu diretor que nós não teremos como bancar a folha de pagamento no próximo mês.
- demitir funcionários.
- apresentar meu produto para o mundo e não ter retorno.
- me impor e defender meus amigos quando ouço críticas a respeito deles.
- ser responsável.
- pedir perdão.
- ter fé.

Essas ações soam como fraqueza para você? Colocar-se ao lado de alguém que atravessa uma grande dificuldade é fraqueza? Assumir responsabilidade é coisa de gente fraca? Voltar para o jogo depois de perder um gol feito é sinal de fraqueza? NÃO. Vulnerabilidade soa como *verdade* e é sinal de *coragem.* Verdade e coragem nem sempre são confortáveis, mas nunca são fraquezas.

É verdade que quando estamos vulneráveis ficamos expostos, sentimos estar numa câmara de tortura (que chamamos de incerteza) e assumimos um risco emocional enorme. Mas nada disso tem a ver com fraqueza.

Quando pedimos que completassem a frase: "A sensação de estar vulnerável é ___________", as respostas foram igualmente significativas:

- tirar a máscara e esperar que o verdadeiro eu não seja muito decepcionante.

- como não ter mais que engolir sapos.
- o encontro da coragem com o medo.
- estar no meio da corda bamba: mover-se para a frente ou para trás é igualmente assustador.
- ter mãos suadas e coração disparado.
- estar com medo e empolgado; aterrorizado e esperançoso.
- sair de uma camisa de força.
- subir num galho alto, muito alto.
- dar o primeiro passo na direção daquilo que você mais teme.
- estar totalmente presente.
- estar muito desconfortável e assustado, mas também se sentir humano e vivo.
- ter um tijolo na garganta e um nó no peito.
- como aquele momento terrível na montanha-russa quando estamos perto do primeiro mergulho.
- liberdade e libertação.
- ter medo, todas as vezes.
- pânico, ansiedade, medo, desequilíbrio, seguidos de liberdade, satisfação, encantamento – e depois um pouco mais de pânico.
- arriscar o pescoço diante do inimigo.
- infinitamente aterrorizante e dolorosamente necessária.
- a de uma queda livre.
- como aqueles dois segundos entre ouvir um disparo e esperar para ver se você foi baleado.
- se deixar perder o controle.

E sabe qual foi a resposta que apareceu inúmeras vezes em nosso esforço para entender melhor a vulnerabilidade? *Estar nu.*

- É como ficar nu no palco e esperar por aplausos em vez de deboches.
- É estar nu quando todos os outros estão vestidos.
- É como estar nu em um sonho: você está no aeroporto completamente pelado.

A psicologia e a psicologia social produziram provas convincentes sobre a importância de admitir a vulnerabilidade. No campo da psicologia do bem-estar, estudos mostram que a vulnerabilidade percebida, ou seja, a capacidade de reconhecer nossos riscos e exposições aumenta grandemente nossas chances de aderir a algum tipo de programa de saúde mais positivo. Para conseguir que os pacientes se comprometam com rotinas de prevenção, os psicólogos trabalham a vulnerabilidade percebida. E o que torna isso realmente interessante é que não é o nosso nível verdadeiro de vulnerabilidade que importa, mas o nível de vulnerabilidade que *admitimos* ter diante de certa doença ou ameaça.

No campo da psicologia social, pesquisadores da influência e da persuasão que examinam como as pessoas são afetadas por propaganda e marketing realizaram uma série de estudos sobre vulnerabilidade. Eles descobriram que os participantes que se consideravam imunes ou invulneráveis aos anúncios enganadores eram, na verdade, os mais suscetíveis. A explicação dos pesquisadores sobre esse fenômeno diz tudo: **"Longe de ser um escudo eficaz, a ilusão de invulnerabilidade desencoraja a reação que teria fornecido uma proteção genuína."**

Uma das experiências de minha carreira que mais gerou ansiedade foi falar na conferência TED a que me referi na Introdução. Como se não bastassem todos os medos naturais associados a dar uma palestra filmada de 18 minutos diante de uma plateia altamente bem-sucedida e de expectativa muito elevada, eu era a última palestrante do evento. Durante três dias fiquei sentada assistindo a algumas das explanações que eu considerava mais incríveis e instigantes.

Depois de cada uma delas eu me afundava um pouco mais na poltrona com a constatação de que, para a minha palestra funcionar, eu teria que desistir de tentar fazer como todos os demais e precisaria me conectar com a plateia. Eu queria desesperadamente assistir a algo que eu pudesse imitar ou usar como modelo, mas as falas que me impactaram mais fortemente não seguiam um formato: elas foram simplesmente autênticas. Isso quer dizer que eu teria obrigatoriamente que ser eu mesma. Precisaria estar vulnerável e aberta. Deveria deixar o texto de lado e olhar as pessoas nos olhos. Eu teria que ficar nua.

Quando finalmente pisei no palco, a primeira coisa que fiz foi travar contato visual com a plateia. Pedi aos técnicos de iluminação que ajustassem os refletores de maneira que eu pudesse ver as pessoas. Eu precisava de conexão. Simplesmente ver a audiência como pessoas, e não como "a plateia", me fez lembrar que os desafios que me assustavam – como estar nua – também assustavam todo mundo. Acho que essa é a razão pela qual a empatia pode ser conquistada sem a necessidade de palavras: basta olhar no olho do outro e receber uma resposta amistosa.

Durante a palestra perguntei ao público duas coisas que revelam bastante sobre os muitos paradoxos que definem a vulnerabilidade. Primeiro, indaguei: "Quantos de vocês se esforçam para não ficarem vulneráveis por associarem a vulnerabilidade à fraqueza?" Muitos levantaram as mãos por todo o auditório. Depois, perguntei: "Quando vocês viram as pessoas passarem por esse palco, se expondo e ficando vulneráveis, quantos acharam que elas eram corajosas?" Novamente, muitos levantaram as mãos.

Nós gostamos de ver a vulnerabilidade e a verdade transparecerem nas outras pessoas, mas temos medo de deixar que as vejam em nós. Isso porque tememos que a nossa verdade não seja suficiente – que o que temos para oferecer não seja o bastante sem os artifícios e a maquiagem, sem uma edição pronta para exibição. Eu estava com medo de subir ao palco e mostrar à plateia o meu verdadeiro eu – aquelas pessoas eram muito importantes, muito bem-sucedidas, muito famosas; o meu verdadeiro eu, por outro lado, é muito desordenado, muito imperfeito, muito imprevisível.

Eis o cerne da questão:

Quero testemunhar a sua vulnerabilidade, mas não quero ficar vulnerável.

Vulnerabilidade é coragem em você e fraqueza em mim.

Eu sou atraída pela sua vulnerabilidade, mas sou repelida pela minha.

Lembro que, enquanto eu me aproximava do palco, tratei de me concentrar em meu marido, que estava na plateia, e em minhas irmãs e alguns amigos, que assistiam pela internet. Também tirei coragem de algo que havia aprendido naquelas palestras da TED – uma lição inesperada que recebera sobre fracasso. A grande maioria dos palestrantes que me antecederam falou abertamente sobre o fracasso. Eles contaram suas desventuras e os insucessos que tiveram durante o processo de elaboração de seu trabalho e sobre como esses percalços só fortaleceram suas paixões. Isso me deixou impressionada e inspirada.

Quando chegou a minha vez, respirei fundo e esperei ser chamada enquanto recitava minha oração da vulnerabilidade: *Dê-me coragem para aparecer e deixar que me vejam.* Então, alguns segundos antes de ser apresentada ao público, me veio à mente a imagem de um peso de papel que está sobre a minha mesa de trabalho, onde se lê: "O que você tentaria fazer se soubesse que não iria falhar?" Empurrei essa pergunta para longe a fim de criar espaço para uma nova pergunta. Quando subi ao palco, literalmente sussurrei para mim mesma: "O que vale a pena fazer mesmo que eu fracasse?"

Sinceramente não me lembro muito do que falei, mas, quando tudo acabou, lá estava eu, mergulhada em completa vulnerabilidade novamente! O risco valeu a pena? E como! Sou apaixonada pelo meu trabalho e confio no que aprendi com os participantes da minha pesquisa. Realmente acredito que conversas honestas sobre vulnerabilidade e sobre vergonha podem mudar o mundo. As minhas duas palestras foram falhas e imperfeitas, mas eu caminhei para a arena e dei o melhor de mim. O desejo de nos expor nos transforma. Ele nos torna um pouco mais corajosos a cada vez.

Desde telefonar para um amigo que passou por uma terrível tragédia até começar o seu próprio negócio, passando por ficar aterrorizado ao experimentar uma sensação de libertação, a vulnerabilidade é a grande ousadia da vida. O resultado de viver com ousadia não é uma marcha da vitória, mas uma tranquila liberdade mesclada com o gostoso cansaço da luta.

MITO 2: "VULNERABILIDADE NÃO É COMIGO"

> Quando éramos crianças, costumávamos pensar que quando crescêssemos não seríamos mais vulneráveis. Mas crescer é aceitar a vulnerabilidade. Estar vivo é estar vulnerável.
>
> – Madeleine L'Engle, escritora americana

Perdi a conta das vezes em que ouvi as pessoas dizerem: "É um tema interessante, mas vulnerabilidade não é a minha." E o comentário era logo reforçado por uma justificativa que levava em conta a profissão ou o gênero: "Sou engenheiro e detesto vulnerabilidade", "Sou advogada e como vulnerabilidade no café da manhã", "Homens não sabem o que é vulnerabilidade". Acredite: eu já fui uma dessas pessoas. Não sou homem nem engenheira nem advogada, mas já repeti essas ideias umas 100 vezes. Infelizmente, não existe um cartão com passe livre de vulnerabilidade. Não podemos optar por ficar fora da incerteza, do risco e da exposição emocional que perpassam nossa experiência diária. A vida é vulnerável.

Examine novamente a lista de exemplos das páginas 31-32. Aqueles são os desafios de estar vivo, de estar em um relacionamento, de ter um vínculo. Mesmo se resolvermos abrir mão dos relacionamentos e optarmos pelo isolamento como forma de proteção, ainda assim estaremos vivos e sujeitos à vulnerabilidade. Responder as perguntas a seguir é bastante útil para quem se vê preso ao mito de que "vulnerabilidade não é a minha". Se não souber responder, peça ajuda a alguém próximo.

1. O que eu faço quando me sinto emocionalmente exposto?
2. Como me comporto quando me sinto muito desconfortável e inseguro?
3. Estou disposto a correr riscos emocionais?

Antes que eu começasse a trabalhar essas questões, minhas respostas eram:

1. Tenho medo, raiva, assumo uma atitude crítica e controladora, quero fazer as coisas de maneira perfeita, com precisão cirúrgica.
2. Fico com medo, com raiva, assumo uma atitude crítica e controladora, fico perfeccionista, querendo fazer as coisas com precisão cirúrgica.
3. No trabalho, não me sinto nem um pouco disposta se há excesso de crítica, julgamentos, atribuição de culpa e humilhação. Assumir riscos emocionais com as pessoas de quem eu gosto sempre esteve relacionado ao medo de que alguma coisa ruim pudesse acontecer.

Quando fingimos que podemos evitar a vulnerabilidade, tomamos atitudes que são, muitas vezes, incompatíveis com quem nós realmente desejamos ser. Experimentar a vulnerabilidade não é uma escolha – a única escolha que temos é como vamos reagir quando formos confrontados com a incerteza, o risco e a exposição emocional.

No Capítulo 4, examinaremos os comportamentos conscientes e inconscientes que utilizamos para nos proteger quando acreditamos que a vulnerabilidade não tem nada a ver conosco.

MITO 3: "VULNERABILIDADE É EXPOR TOTALMENTE A MINHA VIDA"

Uma linha de questionamento que ouço com frequência diz respeito à cultura do fim da privacidade. *Pode haver vulnerabilidade em excesso? Não seria o caso de superexposição?* Essas perguntas são inevitavelmente seguidas de exemplos do atual culto à celebridade. *O que dizer quando certa atriz de cinema posta no Twitter sobre a tentativa de suicídio de seu marido? Ou quando rostos conhecidos da TV dividem com o resto do mundo detalhes íntimos de suas vidas e da vida de seus filhos?*

A vulnerabilidade se baseia na reciprocidade e requer confiança e limites. Não é superexposição, não é catarse, não é se desnudar indiscriminadamente. Vulnerabilidade tem a ver com compartilhar nossos sentimentos e nossas experiências com pessoas que conquistaram o direito de conhecê-los. Estar vulnerável e aberto passa pela reciprocidade e é parte integrante do processo de construção da confiança.

Não podemos ter sempre garantias antes de compartilhar algo; entretanto, não expomos nossa alma na primeira vez que encontramos alguém. Nunca nos aproximamos dizendo: "Oi, meu nome é Brené e esta é a minha maior dificuldade." Isso não é vulnerabilidade. Pode ser desespero, carência afetiva ou necessidade de atenção, mas não é vulnerabilidade. Partilhar adequadamente, com limites, significa dividir sentimentos com pessoas com as quais temos um relacionamento e que querem fazer parte de nossa história. O resultado dessa vulnerabilidade mútua e respeitosa é um vínculo maior, mais confiança e mais envolvimento.

A vulnerabilidade sem limites leva a falta de empatia, desconfiança e isolamento. De fato, como veremos no Capítulo 4, a exposição total é uma forma de se proteger da verdadeira vulnerabilidade. Portanto, informação em excesso não é um caso de "vulnerabilidade excessiva", mas de falência da vulnerabilidade, quando nos afastamos da sensação que ela provoca para usá-la apenas em situações de carência e necessidade de atenção ou para nos entregarmos aos comportamentos extremados que se tornaram lugar-comum na sociedade de hoje.

Para dissipar o mito de que ser vulnerável significa compartilhar nossos segredos com todo mundo, vamos examinar a questão da confiança.

Quando falo sobre a importância de ficar vulnerável, aparecem sempre muitas questões sobre a necessidade de confiar nos outros:

> "Como sei se posso confiar em alguém o bastante para ficar vulnerável?"
> "Só me mostrarei vulnerável a alguém se estiver seguro de que essa pessoa não me decepcionará."
> "Como saber se alguém irá trair minha confiança?"
> "Como desenvolver a confiança nas pessoas?"

Não existe teste de confiança nem luz verde para sinalizar que é seguro nos abrirmos. Os participantes da pesquisa que responderam a essas perguntas descreveram a confiança como um processo de construção lenta, por camadas, que vai acontecendo com o tempo. Em nossa família nos referimos à confiança como "o pote de bolinha de gude".

Minha filha Ellen teve sua primeira vivência de traição no terceiro ano do ensino fundamental. Durante o recreio, ela contou para uma coleguinha de turma algo engraçado e levemente constrangedor que tinha acontecido com ela mais cedo naquele mesmo dia. Por volta do lanche da tarde, todas as garotas da turma já sabiam de seu segredo e estavam pegando no seu pé. Foi uma lição importante, mas dolorosa, porque até aquele momento ela nunca considerara a possibilidade de que alguém pudesse fazer tal coisa.

Quando Ellen chegou em casa, ela caiu no choro e me disse que jamais tornaria a contar seus segredos para alguém. Estava muito magoada. Foi de cortar o coração. Para piorar as coisas, ela me disse que, quando voltou para a sala, as colegas ainda estavam rindo dela com tanta intensidade que a professora as separou e retirou algumas bolinhas de gude do pote que havia na sala.

A professora de Ellen tinha um grande pote de vidro a que ela e as crianças se referiam como "o pote de bolinha de gude". Ela mantinha uma caixa com bolinhas coloridas próxima ao pote, e, sempre que a turma fazia boas escolhas coletivamente, ela lançava bolinhas de gude no pote. Porém, quando a turma quebrava regras ou não prestava atenção, a professora retirava algumas bolinhas. Quando – e se – o pote ficava cheio, os alunos eram recompensados com uma festa.

Por mais que eu quisesse dizer a Ellen "Não divida seus segredos com essas garotas! Assim elas nunca vão magoá-la de novo", deixei meus medos e minha raiva de lado e comecei a tentar descobrir como ter uma conversa franca com ela sobre confiança e relacionamentos. Enquanto procurava a maneira certa de traduzir minhas próprias experiências de confiança e o que aprendia sobre o assunto com a minha pesquisa de campo, pensei em como a metáfora do pote de bolinha de gude seria perfeita.

Sugeri a Ellen que pensasse sobre suas amizades como potes de bolinha de gude. "Sempre que uma pessoa lhe oferecer apoio, for carinhosa com você, defendê-la ou guardar o que você confiou a ela em particular, coloque uma bolinha de gude no pote. Se uma amiga ou um amigo for cruel, desrespeitoso ou espalhar seus segredos, uma bolinha deverá ser retirada." Quando lhe perguntei se isso fazia sentido, ela acenou positivamente com a cabeça e disse entusiasmada: "Eu tenho amigas que encheriam o pote!"

Então ela descreveu quatro amigas com quem sempre podia contar, que sabiam alguns de seus segredos e nunca os revelaram a ninguém e que também haviam compartilhado alguns com ela. "São amigas que me chamam para sentar com elas mesmo se forem convidadas para a mesa das garotas mais populares do colégio."

Foi um momento sublime para nós duas. Quando lhe perguntei como essas meninas se tornaram amigas tão confiáveis e dignas das bolinhas de gude, ela pensou por um instante e respondeu: "Não tenho certeza. Como as suas amigas conquistaram as bolinhas de gude?" Depois de pensarmos juntas por um tempo chegamos às nossas conclusões. Algumas das respostas de Ellen foram:

Elas guardaram meus segredos.
Elas me contaram seus segredos.
Elas se lembraram do meu aniversário.
Elas sabem quem são a vovó e o vovô.
Elas sempre me incluem nas coisas divertidas.
Elas sabem quando estou triste e me perguntam por quê.
Quando falto à escola por estar doente, elas pedem às suas mães que telefonem para saber como estou.

E as minhas? Exatamente as mesmas – com exceção de que, no meu caso, vovó e vovô são minha mãe e meu padrasto. Quando minha mãe chega numa festinha dos meus filhos, é uma grande alegria ouvir uma de minhas amigas dizer: "Oi, Deanne, que bom ver você!" Eu sempre penso: "Ela se lembrou do nome da minha mãe. Ela se importa conosco."

Confiança é colocar uma bolinha de gude de cada vez.

O dilema do ovo e da galinha vem à tona quando pensamos sobre o investimento que as pessoas têm que fazer nos relacionamentos antes mesmo de o processo de construção da confiança começar. A professora não disse: "Eu não vou comprar o pote e as bolinhas de gude antes de saber se a turma será capaz de fazer boas escolhas coletivamente." O pote estava lá desde o primeiro dia de aula. Na verdade, ao final do primeiro dia, ela já havia completado uma camada de bolinhas. As crianças não disseram à professora: "Decidimos não fazer boas escolhas porque não acreditamos que você colocará bolinhas no pote." Elas trabalharam duro e abraçaram alegremente a ideia, porque confiaram na professora.

Um dos psicólogos que mais admiro no campo dos relacionamentos é John Gottman. Seu livro *The Science of Trust: Emotional Attunement for Couples* (A ciência da confiança: sintonia emocional para casais) é uma obra inspiradora sobre a anatomia da confiança. Em um artigo no site Greater Good da Universidade de Berkeley, Gottman descreve a construção da confiança de uma maneira totalmente compatível com o que encontrei em minha pesquisa – e também com o que Ellen e eu chamamos de pote de bolinha de gude:

> De acordo com a pesquisa, descobri que a confiança é construída em momentos muito pequenos, que eu chamo de momentos de "porta entreaberta". Em qualquer interação há uma possibilidade de conexão com seu parceiro ou de distanciamento dele.
>
> Vou dar um exemplo disso em meu próprio casamento. Certa noite, eu queria muito concluir a leitura de um livro policial. Achei que soubesse quem era o assassino, mas estava ansioso para confirmar minha suspeita. A certa altura, coloquei o livro na mesa de cabeceira e me levantei para ir ao banheiro.
>
> Quando passei pelo espelho, vi a imagem refletida de minha esposa, e ela me pareceu triste, escovando seus cabelos. Era um momento de porta entreaberta.
>
> Eu tinha uma escolha. Poderia sair daquele banheiro pensando: "Não quero lidar com a tristeza dela esta noite; quero ler meu livro." Mas, em vez disso, talvez por ser um sensível pesquisador de relacionamentos, decidi ir até ela. Segurei a escova que estava em suas mãos e perguntei: "O que está acontecendo, querida?" Ela me disse que estava triste.
>
> Naquele exato momento, eu estava construindo confiança; eu estava ali para apoiá-la. Eu estava me conectando com ela em vez de escolher me dedicar apenas ao que eu queria. É em momentos assim que a confiança é construída.
>
> Um momento como esse pode não parecer importante, porém, se nós sempre escolhermos virar as costas para as necessidades do outro, a confiança no relacionamento vai se deteriorar – lenta e gradualmente.

Quando pensamos em traição nos termos da metáfora do pote de bolinha de gude, a maioria de nós imagina alguém em quem confiamos fazendo algo tão terrível que nos obrigasse a pegar o pote e jogar fora todas as bolinhas. Qual é a pior traição de confiança que você pode imaginar? *Ele me trai com minha melhor amiga. Ela mente sobre como gastou o dinheiro. Alguém usa minha vulnerabilidade contra mim.* Todas são traições terríveis, sem dúvida, mas há um tipo específico de traição que é ainda mais desleal e igualmente corrosivo para a confiança no relacionamento.

Na verdade, esta traição geralmente acontece muito antes das outras todas. Estou falando da traição do descompromisso. De não se importar. De desfazer o vínculo. De não desejar dedicar tempo e esforço ao relacionamento. A palavra *traição* evoca experiências de falsidade, mentira, quebra de confiança, omissão de defesa quando nosso nome está envolvido em intrigas ou fofocas e de não sermos escolhidos como alguém especial entre outras pessoas. Esses comportamentos são certamente traiçoeiros, mas não são as únicas formas de traição. Se eu tivesse que escolher uma que tenha aparecido com muita frequência em minha pesquisa e que tenha se mostrado a mais perigosa em termos de corrosão do elo de confiança em um relacionamento, eu mencionaria o descompromisso.

Quando as pessoas que amamos ou com quem temos uma forte ligação param de se importar conosco, de nos dar atenção e de investir no relacionamento, a confiança começa a se extinguir e a mágoa vai crescendo. O descompromisso gera humilhação e desperta nossos maiores medos: de ser abandonado, desvalorizado e desprezado. O que pode fazer dessa traição obscura algo muito mais perigoso do que uma mentira ou até mesmo do que um caso fortuito é o fato de não conseguirmos localizar a fonte de nossa dor – não há acontecimento, nenhuma evidência explícita de ruptura. E isso pode deflagrar um processo de loucura.

Podemos dizer a um parceiro descompromissado: "Você não parece mais se importar com nosso casamento." Mas sem uma "prova" disso, a resposta pode facilmente ser a seguinte: "Chego em casa todo dia do trabalho às sete da noite. Ponho as crianças na cama. Levo a família para passear no domingo. O que mais você quer de mim?" Ou, no ambiente de trabalho, quando sentimos vontade de dizer: "Por que não me dão mais feedback? Digam que gostam de mim! Reclamem de alguma coisa! Mas me façam lembrar que eu ainda trabalho aqui!"

Com os filhos, as atitudes têm mais peso do que as palavras. Quando paramos de nos interessar por suas vidas, não perguntando mais como foi seu dia nem querendo saber mais de seus gostos musicais, de suas amizades, eles ficam ressentidos e com medo (em vez de aliviados, independentemente do temperamento que os adolescentes possam ter). E por não conseguirem expressar bem como se sentem com nosso desinteresse, quando paramos de nos esforçar para participar, eles começam a agir de maneira extravagante, pensando: "Isto vai chamar a atenção deles."

Assim como a confiança, a maioria das experiências de traição se acumula lentamente, com uma bolinha de gude de cada vez. Na verdade, as traições grandes e visíveis que mencionei antes são mais frequentes após um período de desinteresse e de corrosão lenta da confiança.

Para concluir, a confiança é um produto da vulnerabilidade que cresce com o tempo e exige trabalho, atenção e comprometimento total. Confiança não é uma postura nobre – é uma coleção de bolinhas de gude que cresceu.

MITO 4: "EU ME GARANTO SOZINHO"

Uma qualidade que temos em alta conta em nossa sociedade individualista é a capacidade de se virar sozinho. Mesmo que possa parecer infeliz e deprimente, admiramos a força que isso evoca e *se garantir sozinho* é algo reverenciado.

A jornada da vulnerabilidade não foi feita para se percorrer sozinho. Nós precisamos de apoio. Precisamos de pessoas que nos ajudem na tentativa de trilhar novas maneiras de ser e não nos julguem. Precisamos de uma mão para nos levantar quando cairmos (e se você se entregar a uma vida corajosa, levará alguns tombos). Durante o desenrolar da minha pesquisa, os participantes foram muito claros em relação à necessidade que sentem de apoio, encorajamento e, por vezes, ajuda profissional quando voltaram a entrar em sintonia com sua vulnerabilidade e sua vida emocional. A maioria de nós sabe muito bem prestar ajuda, mas, quando se trata de vulnerabilidade, é preciso saber *pedir* ajuda também.

Só depois que aprendermos a receber com um coração aberto é que poderemos nos doar com um coração aberto. Ao vincularmos julgamentos à ajuda que recebemos, de forma consciente ou inconsciente, também estaremos vinculando julgamentos à ajuda que prestamos.

Todos nós precisamos de ajuda. Sei que não poderia ter concluído nem a pesquisa nem este livro sem estímulos fortes, que vieram de meu marido, da minha terapeuta, de vários livros e de amigos e familiares que estavam em uma jornada parecida. Vulnerabilidade gera vulnerabilidade; e a coragem é contagiosa.

Há alguns estudos muito respeitados sobre liderança que sustentam a ideia de que pedir ajuda é essencial e que vulnerabilidade e coragem contagiam. Em um artigo de 2001 publicado na *Harvard Business Review*, Peter Fuda e Richard Badham usaram uma série de metáforas para explicar como líderes estimulam e sustentam a mudança. Uma das metáforas é a de uma bola de neve. A bola de neve começa a rolar quando um líder se dispõe a ficar vulnerável diante de seus subordinados. A pesquisa demonstra que essa atitude de vulnerabilidade é considerada corajosa pelos membros da equipe e estimula os outros a seguir o mesmo caminho.

Um exemplo da metáfora da bola de neve contida na pesquisa de Harvard é a história de Clynton, o diretor-executivo de uma grande empresa alemã que descobriu que seu estilo centralizador de liderança estava impedindo os gerentes de tomarem iniciativas. Os pesquisadores explicam:

> Ele poderia ter agido em particular para mudar seu comportamento, mas, em vez disso, trouxe a questão à tona durante um encontro anual com seus 60 principais gerentes, em que reconheceu seus erros e reformulou seu papel, tanto em nível pessoal quanto organizacional. Ele admitiu que não tinha todas as respostas e pediu que sua equipe lhe ajudasse a dirigir a empresa.

Ao estudarem a transformação que sucedeu a esse encontro, os pesquisadores relataram que a eficiência de Clynton aumentou, sua equipe prosperou, houve ganhos em termos de iniciativa e inovação, e a empresa superou em desempenho alguns concorrentes muito maiores.

Da mesma forma, minhas maiores transformações pessoais e profissionais ocorreram quando comecei a perceber quanto meu medo de ficar vulnerável estava me tolhendo e reuni coragem para revelar minhas lutas e pedir ajuda. Depois de fugir da vulnerabilidade, descobri que aprender a se entregar ao desconforto da incerteza, do risco e da exposição emocional era, de fato, um processo doloroso.

Eu acreditava que podia optar por não me sentir vulnerável; logo, quando isso acontecia – quando o telefone tocava com notícias inimagináveis, quando eu tinha medo ou amava tão intensamente que, em vez de sentir gratidão e alegria, eu só conseguia me preparar para a perda –, eu tentava controlar as coisas. Eu controlava as situações e as pessoas à minha volta. Fazia de tudo, até que não tivesse mais energia. Parecia corajosa por fora, mas estava apavorada por dentro.

Aos poucos fui percebendo que essa couraça era pesada demais para eu carregar e que a única coisa que ela realmente fazia era me impedir de conhecer a mim mesma e de me deixar ser conhecida pelos outros. A falsa proteção exigia que eu ficasse encolhida e silenciosa por trás dela, sem chamar atenção para minhas imperfeições e vulnerabilidades. Era exaustivo.

Eu me lembro de um momento muito agradável, quando meu marido e eu estávamos deitados no chão vendo Ellen dar piruetas e fazer danças loucas no tapete. Olhei para Steve e disse: "Não é engraçado como eu a amo ainda mais por ficar assim tão vulnerável e desinibida, parecendo uma boba? Eu nunca faria isso. Você consegue se imaginar sendo tão amado assim?" Steve olhou para mim e respondeu: "Pois eu te amo exatamente assim." Confesso que, como alguém que quase nunca se arriscava a ficar vulnerável e sempre fazia de tudo para não parecer boba, nunca me ocorrera que dois adultos pudessem se amar dessa forma; que eu pudesse ser amada pelas minhas vulnerabilidades, e não apesar delas.

Todo o amor e o apoio que recebi – sobretudo de Steve e de Diana, minha terapeuta – me encorajaram a começar aos poucos a correr mais riscos e a me mostrar no trabalho e em casa de maneiras inusitadas. Aproveitei mais oportunidades e tentei coisas novas, como ser contadora de histórias. Aprendi a estabelecer novos limites e a dizer "não", mesmo quando ficava com medo de deixar algum amigo magoado ou de recusar uma oferta profissional – coisas que, provavelmente, mais tarde lamentaria. *Mas até aqui eu não me arrependi de nenhum "não".*

Retomando o discurso "O Homem na Arena" do presidente Roosevelt, aprendi também que as pessoas que me amam, aquelas com quem realmente posso contar, nunca são os críticos que me apontam o dedo quando fracasso. Também não estão na arquibancada me assistindo. Elas estão comigo na arena, lutando por mim e segurando a minha mão.

Nada transformou mais a minha vida do que descobrir que é uma perda de tempo medir meu valor pelo peso da reação das pessoas nas arquibancadas. Quem me ama estará ao meu lado, independentemente dos resultados que eu possa alcançar.

Nós não conseguimos aprender a ser mais vulneráveis e corajosos por conta própria. Muitas vezes nossa primeira e maior ousadia é pedir ajuda.

3

COMPREENDENDO E COMBATENDO A VERGONHA

A vergonha extrai seu poder do fato de não ser explanada. Essa é a razão pela qual ela não deixa os perfeccionistas em paz – é tão fácil nos manter calados! Se, porém, desenvolvermos uma consciência da vergonha a ponto de lhe dar nome e falar sobre ela, nós a colocaremos de joelhos. A vergonha detesta ser o centro das atenções. Se falarmos abertamente sobre o assunto, ela começará a murchar. Assim como a exposição à luz é mortal para os gremlins, *a palavra e a conversa lançam luz sobre a vergonha e a destroem.*

VULNERABILIDADE E VERGONHA

Há pouco tempo, depois que terminei uma palestra sobre famílias plenas, um homem me abordou ainda no palco. Ele me estendeu a mão e disse: "Eu só quero lhe dizer obrigado!" Apertei sua mão e sorri com simpatia enquanto ele olhava para o chão, parecendo lutar contra as lágrimas.

Então, ele respirou fundo e falou:

– Confesso que não queria vir aqui esta noite. Tentei escapar de todo modo, mas a minha mulher não deixou.

– É, isso é comum – comentei, dando risada.

Ele então prosseguiu:

– Eu não entendia por que ela estava tão animada. Eu lhe disse que não imaginava uma maneira pior de passar uma quinta-feira à noite do que ouvindo uma mulher especialista em vergonha. Minha esposa disse que era muito importante para ela e que eu parasse de reclamar, ou estragaria tudo.

O homem fez uma pausa de alguns segundos e então me surpreendeu com uma pergunta:

– A senhora é fã de *Harry Potter*?

Fiquei parada tentando conectar tudo o que ele estava dizendo. Como não consegui, preferi simplesmente responder:

– Sim, sou uma grande fã. Li todos os livros, várias vezes, e vi e revi os filmes. Na verdade, sou fanática pelo bruxinho. Mas por quê?

Ele me olhou um pouco encabulado antes de se explicar.

– Bom, eu não sabia nada sobre a senhora e, enquanto meu medo de vir aqui esta noite crescia, comecei a imaginar você tão assustadora quanto o professor Snape. Eu a via vestida de negro, com a fala arrastada e um tom macabro.

Achei tanta graça que quase me engasguei com a água que estava bebendo.

– Eu adoro o Snape! Não sei se gostaria de ser parecida com ele, mas é um de meus personagens favoritos na história.

Rimos juntos da projeção que ele havia feito do Snape, mas logo as coisas foram ficando mais sérias.

– O que a senhora disse realmente fez sentido para mim. Principalmente a parte de termos tanto medo do lado sombrio. Qual foi a frase que a senhora citou usando a imagem da luz?

– Ah, é uma de minhas prediletas: "Somente quando temos coragem suficiente para explorar a escuridão, descobrimos o poder infinito de nossa própria luz."

Ele concordou.

– Sim! Tenho certeza de que era por isso que eu não queria vir. É incrível a quantidade de energia que gastamos tentando evitar esses territórios difíceis da alma, quando eles são os únicos que podem nos libertar. Cresci passando muita vergonha e não quero que meus três filhos vivam isso.

Meu desejo é fazer com que eles saibam que são bons o bastante. Que não tenham medo de conversar sobre o lado duro de suas vidas conosco.

Nesse ponto nós já estávamos com os olhos marejados. Fiz um gesto meio desajeitado oferecendo um abraço e ele se aproximou. Depois daquele contato físico, ele olhou para mim e perguntou:

– É necessário superar a vergonha para chegar à vulnerabilidade?

– Sim. O contato com a própria vergonha é fundamental para abraçar nossa vulnerabilidade. Não podemos nos deixar ser vistos se ficarmos aterrorizados pelo que as pessoas podem pensar.

Enquanto eu tropeçava tentando encontrar a melhor maneira para explicar de que forma a vergonha nos impede de ser vulneráveis e conectados com a vida, eu me lembrei de uma passagem muito querida de *Harry Potter*.

– Você lembra quando Harry ficou achando que era mau porque andava com raiva o tempo todo e tinha sentimentos perversos?

– Sim, é claro! – respondeu ele animadamente. – Na conversa com Sirius Black! É a lição de moral da história inteira.

– Exatamente! Sirius pediu a Harry que lhe escutasse com muita atenção e falou: "Você não é uma pessoa má. Você é uma pessoa muito boa a quem coisas ruins aconteceram. Além do mais, o mundo não está dividido entre pessoas boas e Comensais da Morte. Todos nós temos luz e trevas dentro de nós. O que importa é a maneira como escolhemos agir. Este é quem você realmente é."

– Isso mesmo – disse ele, triunfante.

– Todos sentimos vergonha. Todos temos o bem e o mal, a escuridão e a luz dentro de nós. Mas, se não nos reconciliarmos com nossa vergonha, com nossos conflitos, começaremos a acreditar que há algo errado conosco, que nós *somos* maus, defeituosos e, pior ainda, começaremos a agir com base nessas crenças. Se quisermos ser pessoas plenas, estar inteiramente conectados com a vida, precisamos ficar vulneráveis. E para isso temos que aprender a lidar com a vergonha.

A essa altura, a esposa já esperava por ele na escadinha do palco. Ele me agradeceu, deu-me outro rápido abraço e foi ao encontro dela. Quando já estava lá embaixo, voltou-se para mim e disse:

– Você pode não ser o Snape, mas é uma ótima professora de Defesa Contra as Artes das Trevas!

Nunca me propus a ser uma pregadora ferrenha da vergonha nem uma professora de Defesa Contra as Artes das Trevas, mas depois de passar uma década inteira estudando o efeito devastador que a vergonha tem sobre a forma como vivemos, amamos, educamos os filhos e lideramos pessoas, eu me vi praticamente gritando a plenos pulmões: "Sim, é difícil falar sobre a vergonha. Mas essa conversa não tem a metade do perigo produzido pelo nosso silêncio! Todos nós sentimos vergonha. E todos temos medo de falar sobre ela. E quanto menos falamos, mais a vergonha aumenta."

Precisamos estar vulneráveis se quisermos mais coragem, se quisermos viver com ousadia. Mas, como eu disse ao meu amigo fã de *Harry Potter*, como podemos deixar que nos vejam se a vergonha do que as pessoas podem pensar nos amedronta tanto?

Digamos que você tenha desenvolvido um produto, escrito um artigo ou criado uma obra de arte que deseja mostrar para um grupo de amigos. Compartilhar alguma coisa que se criou é uma parte vulnerável, mas essencial, de uma vida comprometida e plena. É o símbolo de viver com ousadia. Mas, dependendo da maneira como a pessoa foi criada ou de como se relaciona com o mundo, ela, consciente ou inconscientemente, atrela sua autoestima à maneira como seu produto ou obra é recebido pelos outros. Em outras palavras, se gostam do que ela produz, a pessoa acha que tem valor; se não gostam, ela não tem valor.

Uma destas duas coisas acontece nesse momento do processo:

1. Uma vez que você descobre que sua autoestima está ligada ao que você produz ou cria, é pouco provável que vá mostrar o que fez, e, se mostrar, antes irá retirar uma camada ou mais do melhor de sua criatividade ou inovação a fim de tornar a receptividade menos arriscada. Há muita coisa em jogo para que você exponha o lado mais ousado de sua criação.
2. Se você mostra o seu trabalho sem limitar o seu lado mais criativo e a receptividade não é das melhores, você fica arrasado. Se o que tem

a oferecer não é bom, então você não é bom. As chances de querer um feedback, de insistir e de voltar para a mesa de criação são pequenas. Você se fecha. A vergonha lhe diz que você não é talentoso o bastante e que já deveria saber disso.

Se estiver imaginando o que acontece quando você atrela sua autoestima à sua arte ou ao seu produto e as pessoas gostam muito do que você faz, deixe-me responder a partir de minha experiência pessoal e profissional: você está numa enrascada ainda maior. Tudo que a vergonha precisa para sequestrar e controlar sua vida está justamente aí. Você transferiu sua autoestima para o que as pessoas pensam. Teve sucesso algumas vezes, mas agora é totalmente dependente disso.

Munido de uma consciência da vergonha e de uma boa capacidade de lidar com ela, este cenário é completamente diferente. Você ainda quer que os outros respeitem e até admirem o que criou, mas a sua autoestima não está em jogo. Você tem consciência de que é muito mais do que uma pintura, uma ideia de vanguarda, uma boa técnica de vendas, um bom discurso ou uma boa colocação na lista dos mais vendidos. Sim, será decepcionante e difícil se os amigos e colegas de trabalho não compartilharem de seu entusiasmo ou se as coisas não caminharem bem, porém, essa decepção estará ligada ao que você faz, e não ao que você é. Independentemente do resultado, você já ousou grandemente, e isso, sim, está totalmente alinhado com o seu valor, com a pessoa que quer ser.

Quando nossa autoestima não está em jogo, estamos muito mais dispostos a ser corajosos e a correr o risco de mostrar nossos dons e talentos. Minha pesquisa com famílias, escolas e empresas deixou claro que as sociedades que não são prisioneiras da vergonha geram pessoas muito mais abertas a pedir ajuda, aceitar ajuda e dar retorno. Essas sociedades também desenvolvem indivíduos comprometidos, ousados, que estão dispostos a tentar sempre de novo até verem tudo dar certo – muito mais aptos a se tornarem inovadores e criativos em suas atividades.

A autovalorização nos inspira a ser vulneráveis, a compartilhar sem medo e a perseverar. Por outro lado, a vergonha nos mantém atrofiados, tímidos e medrosos. Nas sociedades com tendência à vergonha, em que pais, líderes e administradores, consciente ou inconscientemente, estimulam as pessoas a vincularem a sua autovalorização ao que elas produzem ou à posição que ocupam, observa-se muito mais isolamento, culpa, maledicência, estagnação, favoritismo e uma total escassez de criatividade e renovação.

Peter Sheahan é escritor, conferencista e presidente da ChangeLabs, uma empresa de consultoria global que cria e executa projetos de mudança de comportamento de grande alcance para clientes como Apple e IBM. Peter e eu tivemos a chance de trabalhar juntos durante um período, e percebi que seu ponto de vista sobre a vergonha é certeiro. Ele diz:

> O assassino secreto da inovação é a vergonha. Não conseguimos medi-la, mas ela está lá. Sempre que alguém não compartilha uma nova ideia, que deixa de passar para seus gerentes algum feedback muito necessário ou que tem medo de se expor diante de um cliente, pode ter certeza de que a vergonha está por trás disso. Aquele medo profundo que todos temos de errar, de ser depreciados e de nos sentir menos do que o outro é o que nos impede de assumir os riscos indispensáveis para fazer nossas empresas avançarem.
>
> Se você quer implantar uma cultura de criatividade e renovação, em que riscos concretos têm que ser assumidos tanto em nível coletivo quanto individual, comece por desenvolver nos gerentes a capacidade de estimular a vulnerabilidade em suas equipes. E talvez isso exija que eles próprios estejam vulneráveis primeiro. Este conceito de que o líder precisa estar "no comando" e "ter todas as respostas" é ultrapassado e paralisante. Ele causa um impacto prejudicial sobre as pessoas ao arraigar a ideia de que elas sabem menos e são inferiores. E a receita para o fracasso é: a vergonha se transforma em medo; o medo conduz à aversão ao risco; a aversão ao risco aniquila a inovação.

Em resumo, viver com ousadia exige autovalorização. A vergonha envia os *gremlins*, que enchem nossas cabeças com mensagens limitadoras.

O termo *gremlin* – como nós o conhecemos – vem do filme de comédia de horror de Steven Spielberg, *Gremlins*, da década de 1980. Os *gremlins* são pequenas criaturas do mal que causam devastação por onde passam, monstrinhos manipuladores que têm prazer no prejuízo dos outros. Em muitos ambientes culturais, inclusive no meu, o termo *gremlin* tornou-se sinônimo de "mecanismo da vergonha".

Por exemplo, recentemente eu estava tendo dificuldade para concluir um artigo. Liguei para uma amiga para falar de meus bloqueios e ela imediatamente me perguntou: "O que os *gremlins* estão dizendo?"

Essa é uma maneira muito eficaz de perguntar sobre as mensagens secretas de dúvida e autocrítica que alimentamos na mente. Minha resposta para ela foi: "Um deles anda dizendo que meu texto está chato e que ninguém se interessa por esse assunto. Outro está sussurrando que serei muito criticada e que mereço isso. E o maior de todos não para de me importunar, dizendo: 'Escritores de verdade não precisam se esforçar tanto assim. Escritores de verdade não redigem frases sem sentido.'"

Entender nossos mecanismos da vergonha, ou a fala crítica dos *gremlins*, é fundamental para vencê-la, isso porque nem sempre podemos culpar outra pessoa. Algumas vezes, a vergonha é resultado de ficarmos repetindo as velhas frases limitadoras que ouvíamos quando éramos crianças ou que simplesmente absorvemos da cultura de medo que nos cerca. Meu amigo e colega Robert Hilliker costuma dizer: "A vergonha sempre começa como uma experiência entre duas pessoas, mas quando fiquei mais velho aprendi a passar vergonha completamente sozinho." Às vezes, quando ousamos caminhar na arena da vida, o maior crítico que enfrentamos somos nós mesmos.

A vergonha extrai seu poder do fato de não ser explanada. Essa é a razão pela qual ela não deixa os perfeccionistas em paz – é tão fácil nos manter calados! Se, porém, desenvolvermos uma consciência da vergonha a ponto de lhe dar nome e falar sobre ela, nós a colocaremos de joelhos. A vergonha detesta ser o centro das atenções. Se falarmos abertamente sobre o assunto, ela começará a murchar. Assim como a exposição à luz é mortal para os *gremlins*, a palavra e a conversa lançam luz sobre a vergonha e a destroem.

Assim como Roosevelt disse em seu discurso, quando ousamos grandemente, nós cometemos erros e nos decepcionamos várias vezes. Haverá fracassos, equívocos e reprovações. Se quisermos ser capazes de avançar em meio às duras decepções, aos sentimentos de ingratidão e às tristezas, que são inevitáveis em uma vida plena e bem vivida, não poderemos achar que os revezes são provas de que somos indignos de amor, de aceitação e de alegria. Se fizermos isso, nunca nos mostraremos nem tentaremos de novo. A vergonha espreita nos becos escuros da arena, esperando até que saiamos derrotados e determinados a nunca mais correr riscos. Ela dá uma gargalhada e diz: "Eu avisei que isso era um erro. Eu sabia que você não era bom o bastante."

Saber lidar com a vergonha é ser capaz de dizer: "Isso dói. Isso é decepcionante e talvez até devastador. Mas o sucesso, o reconhecimento externo e a aprovação dos outros não são os valores que me controlam. O meu valor é a coragem, e eu fui corajoso. Não me envergonho disso."

Não podemos abraçar a vulnerabilidade se a vergonha estiver sufocando nossa valorização e nossa conexão com a vida. Sejamos corajosos! Vamos envolver nossos corações e mentes nessa experiência chamada vergonha para que possamos conquistar uma vida plena.

O QUE É A VERGONHA E POR QUE É TÃO DIFÍCIL FALAR SOBRE ELA

Costumo começar todas as palestras e todos os textos sobre vergonha com as três primeiras coisas que as pessoas precisam saber sobre o assunto:

1. Todos nós a sentimos. A vergonha é universal e constitui um dos sentimentos humanos mais primitivos. As pessoas que não experimentam esse sentimento são carentes de empatia e não sabem se relacionar.
2. Todos nós temos medo de falar sobre a vergonha.
3. Quanto menos nós falarmos sobre a vergonha, mais controle ela terá sobre nossas vidas.

Há algumas maneiras bastante eficazes de refletir sobre a vergonha. Em primeiro lugar, pode-se dizer que se trata do medo da falta de conexão, de perder um vínculo com alguém. Somos psicológica, emocional, cognitiva e espiritualmente criados para o amor, para os relacionamentos e para a aceitação. A conexão, o vínculo, é a razão de estarmos aqui e é o que dá significado e sentido à nossa vida. Sentir vergonha é ter medo de romper algum vínculo – medo de que algo que fizemos ou deixamos de fazer, de que um ideal que não conseguimos alcançar ou de que uma meta que deixamos de cumprir nos torne indignos de nos relacionarmos com outras pessoas. *Eu não sou digno ou bom o bastante para amar, ser aceito ou manter um vínculo com alguém.*

Eis a definição que emergiu de minha pesquisa: *Vergonha é o sentimento intensamente doloroso ou a experiência de acreditar que somos defeituosos e, portanto, indignos de amor e aceitação.*

Muitas vezes as pessoas querem acreditar que a vergonha é exclusividade de quem sobreviveu a um trauma que não foi exposto, mas isso não é verdade. Vergonha é algo que todos nós experimentamos. E ainda que pareça que ela se esconde em nossos recônditos mais obscuros, esse sentimento, pelo contrário, tende a se ocultar em lugares bastante conhecidos. Doze categorias de vergonha apareceram em minhas pesquisas:

- Aparência e imagem corporal
- Dinheiro e trabalho
- Maternidade/paternidade
- Família
- Criação de filhos
- Saúde mental e física
- Vícios
- Sexo
- Velhice
- Religião
- Traumas
- Estigmas ou rótulos

Aqui estão algumas respostas que obtivemos quando pedimos aos participantes que nos dessem um exemplo de vergonha:

- Vergonha é ser demitido e ter que contar para minha esposa grávida.
- Vergonha é ter alguém me perguntando "Para quando é o bebê?" quando eu não estou grávida.
- Vergonha é me enfurecer com meus filhos.
- Vergonha é ir à falência.
- Vergonha é meu patrão me chamar de idiota na frente de um cliente.
- Vergonha é não ser convidado para uma sociedade.
- Vergonha é meu marido me trocar pela vizinha.
- Vergonha é minha mulher pedir o divórcio dizendo que quer ter filhos, mas não comigo.
- Vergonha é ser pego dirigindo alcoolizado.
- Vergonha é não poder ter filhos.
- Vergonha é dizer para meu noivo que meu pai mora na França, quando, na verdade, ele está preso.
- Vergonha é ver pornografia na internet.
- Vergonha é ser reprovado no colégio. Duas vezes.
- Vergonha é ouvir meus pais brigando no outro cômodo e imaginar se sou a única que sente tanto medo.

Vergonha é uma dor real. A importância da aceitação social e do vínculo com as pessoas é reforçada por nossa química cerebral, e o sofrimento que resulta dessa rejeição social e dessa falta de conexão é genuíno. Em um estudo de 2011 patrocinado pelo Instituto Nacional de Saúde Mental e pelo Instituto Nacional de Abuso de Drogas dos Estados Unidos, os pesquisadores descobriram que, em termos de envolvimento cerebral, o sofrimento físico e as experiências intensas de rejeição social doem do mesmo modo. Logo, quando defino a vergonha como uma experiência intensamente "dolorosa", não estou exagerando. Avanços no campo da neurociência confirmam o que nós já sabemos há algum tempo: as emoções podem causar sofrimento e dor. E, assim como temos dificuldade para definir a dor física, descrever a dor emocional também é muito difícil.

DESCOMPLICANDO A VERGONHA, A CULPA, A HUMILHAÇÃO E O CONSTRANGIMENTO

Quando trabalhamos para entender a vergonha, descobrimos que uma das razões pelas quais é tão difícil falar sobre ela é o vocabulário. Com frequência usamos termos como *constrangimento*, *culpa*, *humilhação* e *vergonha*, indistintamente. Pode parecer meticuloso demais dar tanta importância ao uso do termo apropriado para descrever uma experiência ou uma emoção; no entanto, isso é mais do que uma simples questão de semântica.

A maneira como vivenciamos esses sentimentos diferentes tem a ver com a nossa conversa interna. Como conversamos com nós mesmos sobre o que está acontecendo? Devemos começar a examinar a conversa interna e distinguir esses quatro sentimentos analisando o peso da vergonha e da culpa. A maior parte dos pesquisadores e terapeutas que lidam com esse tema concorda que a diferença entre vergonha e culpa é a diferença entre dizer "Eu sou má" e "Eu fiz uma coisa má".

Culpa = Eu fiz uma coisa má.

Vergonha = Eu sou má.

Por exemplo, vamos supor que você tenha esquecido o compromisso de almoçar com um amigo ao meio-dia. Às 12h20, ele liga do restaurante para saber se está tudo bem com você. Se a sua conversa interna é "Que idiota que eu sou. Sou um péssimo amigo", isso é vergonha. Se, ao contrário, sua conversa interna sobre o atraso for "Não acredito que *fiz* isso. Que coisa horrível de se *fazer*", isso é culpa.

Quando sentimos vergonha, estamos mais inclinados a nos proteger culpando algo ou alguém, justificando nosso erro, oferecendo uma desculpa esfarrapada ou nos escondendo. Em vez de pedir perdão, culpamos nosso amigo e justificamos o esquecimento: "Eu lhe disse que estava muito ocupado. Hoje não é um dia bom para mim." Ou pedimos apenas desculpas formais e pensamos: "Que se dane. Se ele soubesse como ando ocupado, ele é que me pediria perdão." Ou então vemos quem está telefonando e não atendemos, e quando voltamos a encontrar a pessoa, mentimos: "Você abriu seus e-mails? Cancelei o almoço pela manhã. Veja se foi parar na sua pasta de spam."

Quando nos desculpamos por alguma coisa que fizemos, reparamos um erro ou mudamos um comportamento que não condiz com nossos valores, a culpa – e não a vergonha – é geralmente a força propulsora. Nós nos sentimos culpados quando comparamos algo que fazemos ou deixamos de fazer com nossos padrões de excelência e vemos que não combinam. É uma sensação desconfortável, mas pode ser benéfica. O desconforto psicológico, que é similar à dissonância cognitiva, é o que motiva uma mudança significativa. A culpa é tão poderosa quanto a vergonha, mas a influência da primeira é positiva, ao passo que a influência da segunda é negativa. Na verdade, em minha pesquisa descobri que a vergonha corrói a parte de nós que acredita que podemos mudar e fazer melhor.

Vivemos em um mundo onde a maioria das pessoas ainda é adepta da crença de que a vergonha é um bom instrumento para manter as pessoas na linha. Isso não só é errado como é perigoso. Esse sentimento está altamente relacionado com o vício, a violência, a agressão, a depressão, os distúrbios alimentares e o bullying. Os pesquisadores não o associam a nada positivo – não há registros de que a vergonha seja um recurso útil para qualquer comportamento saudável. Na verdade, ela está mais para a causa de comportamentos destrutivos e lesivos do que para a sua solução.

Mais uma vez, é da natureza humana querer se sentir digno de amor e aceitação. Quando passamos vergonha, nos sentimos desconectados dos outros e ávidos por valorização. Quando estamos sofrendo, seja por estarmos passando uma grande vergonha ou apenas por sentir o medo dela, ficamos mais propensos a nos entregar a comportamentos autodestrutivos e a atacar ou envergonhar os outros. Nos capítulos sobre cuidar dos filhos, liderança e educação, veremos como a vergonha corrói nossa coragem e promove o isolamento – e também o que podemos fazer para cultivar uma atitude de autovalorização, vulnerabilidade e enfrentamento.

Outra palavra que confundimos frequentemente com vergonha é *humilhação*. Donald Klein identifica a diferença entre esses dois termos quando escreve: "As pessoas acreditam que merecem sentir vergonha; mas não acreditam que merecem ser humilhadas."

Se John está numa reunião com seus colegas de trabalho e seu patrão o chama de "fracassado" porque não conseguiu fechar uma determinada venda, ele provavelmente vivenciará isso tanto como vergonha quanto como humilhação. Se a conversa interna de John for "Deus, eu sou um fracasso", isso é vergonha. Mas se a conversa interna dele for "Meu patrão está descontrolado. Isso é ridículo. Não mereço ser tratado assim", isso é humilhação.

É claro que a humilhação faz com que nos sintamos péssimos e contribui para um ambiente desagradável, seja no trabalho, seja no lar. Além disso, caso seja frequente, pode se transformar em vergonha se começarmos a aceitar o que dizem. Entretanto, humilhação ainda é melhor do que vergonha. Em vez de internalizar a acusação de "fracassado", John pode dizer a si mesmo: "Isso não é pessoal." Dessa forma é menos provável que ele se feche, atue impulsivamente ou parta para o contra-ataque. Ele permanece fiel a seus valores enquanto tenta resolver o problema.

O constrangimento é o menos preocupante dos quatro sentimentos. Ele é geralmente passageiro e pode ser, no final, até engraçado. Sua marca registrada é que, quando fazemos algo constrangedor, não nos sentimos sozinhos. Sabemos que outras pessoas fizeram a mesma coisa, e, como um rubor na face, ele passará – em vez de nos estigmatizar.

Tornar-se íntimo da linguagem é um importante começo para entender a vergonha.

DEPOIS DE COMPREENDER O QUE É A VERGONHA, O QUE SE DEVE FAZER?

A resposta está na *resiliência*, que é a nossa capacidade de nos recuperar rapidamente de um revés ou de nos adaptarmos a uma mudança. Repare que não falei de *resistência* à vergonha, pois isso não é possível. Pelo fato de nos preocuparmos com os vínculos, o medo do isolamento será sempre uma força poderosa em nossa vida, e a dor provocada pela vergonha será sempre real. Mas há boas notícias: nas minhas pesquisas descobri que homens e mulheres com alto potencial de enfrentamento desse sentimento têm quatro coisas em comum, que eu chamo de elementos de resiliência à vergonha.

Antes de mais nada, gostaria de explicar que, quando menciono esse tipo de resiliência, estou falando da capacidade de sermos autênticos quando vivenciamos a vergonha, de encará-la sem sacrificar nossos valores e de passarmos pela experiência embaraçosa com mais coragem, compaixão e conexão do que nós tínhamos antes. A resiliência tem a ver com sair do sentimento de vergonha para esse afeto que chamamos de empatia – o verdadeiro antídoto da vergonha.

Se conseguirmos compartilhar nossa história sofrida com alguém que responda com solidariedade e compreensão, a vergonha perderá a força. A autoaceitação também é muito importante, mas, como a vergonha procede de um conceito social – acontece entre pessoas –, ela também é curada entre pessoas. Uma ferida social necessita de um bálsamo social, e a empatia entre duas pessoas é este bálsamo. A autoaceitação é fundamental porque quando conseguimos ser compreensivos com nós mesmos durante um episódio de vergonha, ficamos mais propensos a nos expressar, nos abrir com alguém e experimentar afeto e empatia.

Para chegar a essa empatia, temos que saber, em primeiro lugar, com o que estamos lidando. Aqui vão os quatro elementos da resiliência à vergonha – os passos nem sempre acontecem nesta ordem, mas no final sempre nos levam à empatia e à cura:

1. **Reconhecer a vergonha e compreender seus mecanismos.** Vergonha é biologia e biografia. Você é capaz de reconhecer fisicamente quando está passando vergonha e descobrir que mensagens e expectativas a desencadearam?
2. **Praticar a consciência crítica.** As mensagens e expectativas que estão governando a sua vergonha passam por um teste de realidade? Elas têm a ver com o que você deseja ser ou correspondem a uma suposição do que os outros precisam ou querem de você?
3. **Ser acessível.** Você reconhece a sua história e a compartilha com alguém? A pessoa não poderá vivenciar a empatia se não estiver conectada com outros indivíduos.

4. **Falar da vergonha.** Você conversa sobre como se sente e pede o que necessita quando está com vergonha?

A resiliência à vergonha é uma estratégia para proteger os vínculos – com nós mesmos e com as pessoas de quem gostamos. Mas ela requer reconhecimento e reflexão, e é aí que a vergonha leva uma grande vantagem. Quando ela se instala, quase sempre somos arrebatados pelo sistema límbico. Em outras palavras, o córtex pré-frontal, por onde passam todos os nossos pensamentos, análises e estratégias, é sobrepujado por aquela parte primitiva de "luta ou fuga" de nosso cérebro.

Em seu livro *Incógnito – As vidas secretas do cérebro*, o neurocientista David Eagleman descreve o cérebro como um "time de rivais". Ele revela: "Há uma conversa permanente entre as facções opostas do cérebro e uma competição entre elas para controlar o único canal de emissão do seu comportamento." Eagleman explica os dois sistemas cerebrais: "O sistema racional é aquele que cuida da análise das coisas do mundo exterior, ao passo que o sistema emocional monitora o estado interior e avalia se as coisas são boas ou ruins." O cientista defende a tese de que, por ambas as partes estarem em permanente batalha para controlar uma emissão – o comportamento –, as emoções podem prevalecer na disputa pela tomada de decisão. Eu diria que isso é particularmente verdadeiro quando a emoção em jogo é a vergonha.

Nossa tática de lutar ou fugir é eficaz para a sobrevivência, mas não para o raciocínio ou a conexão humana. E a dor da vergonha é suficiente para despertar aquela parte do nosso cérebro que corre, se esconde ou se defende bravamente. Quando eu perguntava aos participantes da pesquisa como eles reagiam à vergonha antes de começarem a trabalhar a resiliência, ouvia muitos comentários como estes:

- "Quando sinto vergonha, eu me comporto como um louco. Faço e digo coisas que normalmente nunca faria ou diria."
- "Às vezes eu queria poder fazer as pessoas se sentirem tão mal quanto eu. Sinto vontade de xingar e de gritar com todo mundo."

- "Fico desesperado quando passo vergonha. Como se eu não tivesse nenhum lugar para ir e ninguém com quem conversar."
- "Quando me sinto envergonhado, eu me fecho mental e emocionalmente. Até com a minha família."
- "A vergonha faz com que eu me sinta alienado do mundo. Eu me escondo."
- "Certa vez parei em um posto de gasolina e meu cartão de crédito foi recusado. O frentista me tratou muito mal. Quando consegui sair do posto, meu filhinho de 3 anos começou a chorar no banco de trás. Então fiquei gritando com ele: 'Cale a boca!... Cale a boca!... Cale a boca!' Eu estava muito constrangido por causa do cartão. Fiquei maluco. Depois senti vergonha por ter gritado com meu filho."

Quando se trata de entender como nos defendemos da vergonha, recorro à pesquisa do Stone Center, da Faculdade de Wellesley, no estado de Massachusetts. A Dra. Linda Hartling usa o trabalho da psicanalista alemã Karen Horney, que fala das reações "aproximar-se, ir contra e se afastar" ao descrever as estratégias de isolamento que usamos para lidar com a vergonha.

De acordo com a Dra. Linda, com o objetivo de lidar com a vergonha, algumas pessoas *se afastam*, batendo em retirada, se escondendo, silenciando e guardando segredos. Outras *se aproximam*, desejando acalmar e agradar. E existem aquelas que *vão contra*, tentando obter poder sobre os demais, sendo agressivas e usando a vergonha para combater a vergonha (como ao mandar e-mails realmente maldosos). A maioria de nós utiliza todos esses recursos – em momentos diferentes, com pessoas diferentes e por razões diferentes. Porém, essas estratégias nos afastam do contato e da empatia, pois são voltadas apenas para nos desligar da dor da vergonha.

Passei por uma experiência de vergonha que ilustra todos esses conceitos. Trata-se de um bom exemplo da razão por que é tão importante enfrentar a vergonha se não quisermos amontoar ainda mais humilhação sobre uma situação já sofrida.

Recusar convites para palestras é uma situação difícil para mim. Anos e anos de perfeccionismo e de sempre querer agradar as pessoas me deixaram muito desconfortável com a ideia de decepcionar alguém – a "boa menina" em mim detesta desapontar as pessoas. Os *gremlins* sopram no meu ouvido: "Eles vão achar que você é ingrata" e "Não seja egoísta". Também luto contra o medo de que, se eu disser "não", ninguém mais vai me convidar. É quando os *gremlins* dizem: "Você quer mais tempo para descansar? Cuidado com o que deseja, pois esse trabalho de que você tanto gosta pode escapar das suas mãos."

Meu novo compromisso de impor limites surgiu depois do período que passei estudando as pessoas plenas e o que é preciso para completar a jornada que começa no "O que as pessoas vão pensar?" e termina em "Eu sou bom o bastante". As pessoas mais abertas e solidárias que entrevistei nesses anos colocavam e respeitavam limites. Não pretendo *pesquisar* o tempo todo sobre como ser alguém pleno; eu quero *viver* essa plenitude. Por isso hoje descarto cerca de 80% dos convites para palestras que recebo. Digo "sim" quando a oportunidade se encaixa com minha agenda familiar, meus compromissos de pesquisa e minha vida.

Recentemente, recebi um e-mail de um homem que se mostrava muito zangado porque eu me recusara a falar em um evento que ele estava organizando. Declinei o convite porque a data batia com o aniversário de uma pessoa da minha família. A mensagem continha até ofensas pessoais.

Em vez de respondê-la, resolvi encaminhá-la ao meu marido, dizendo exatamente o que eu pensava daquele sujeito e de sua mensagem eletrônica. Eu precisava descarregar minha vergonha e minha raiva. Só que, em vez de clicar em "Encaminhar" (para meu marido), eu cliquei em "Responder".

Eu ainda olhava para a tela, totalmente paralisada pela vergonha, quando chegou a resposta do sujeito. Ele dizia: "Ahá! Eu sabia! Você é uma pessoa horrível. Não é plena. Que fraude!"

O ataque de vergonha já estava em potência máxima. Minha boca estava seca, o tempo havia desacelerado e minha vista ia ficando turva. Já era difícil absorver aquele turbilhão de emoções, quando os *gremlins* começaram a sussurrar: "Você é mesmo uma fraude! Como pôde ser tão burra?" *Eles sempre sabem exatamente o que dizer.* Assim que consegui recuperar o fôlego, comecei a murmurar "Dor, dor, dor, dor, dor...".

Essa tática é uma invenção de Caroline, uma mulher que entrevistei na primeira fase de minha pesquisa e dois anos depois, quando ela já praticava a resiliência à vergonha. Ela me contou que sempre que se sentia envergonhada, começava a repetir a palavra *dor* em voz alta. Caroline me disse: "Sei que parece maluquice, mas por alguma razão funciona."

É claro que funciona! É uma maneira brilhante de sair do modo de sobrevivência do cérebro primitivo e puxar o córtex pré-frontal de volta para o comando. Depois de um ou dois minutos do mantra "dor", eu respirei fundo e tentei me recuperar.

Reconheci os sintomas físicos que me permitiam retomar o pensamento racional e me lembrei dos três movimentos contra os *gremlins* que são os modos mais eficazes de lidar com a vergonha. E, felizmente, eu já vinha praticando esse método há um bom tempo para saber que ele vai totalmente contra a minha intuição e que eu só tenho que confiar no processo:

1. **Praticar a coragem e ficar acessível.** É natural querermos nos esconder, mas a maneira de combater a vergonha e de honrar quem somos é compartilhar nossas experiências com alguém que tenha conquistado o direito de ouvi-las – alguém que goste de nós, não apesar das nossas vulnerabilidades, mas por causa delas.
2. **Conversar consigo mesmo da maneira que faria com alguém que você amasse e estivesse tentando encorajar no meio de um desastre:** *Está tudo bem. Você é humano – todos nós cometemos erros. Eu o apoio.* Geralmente, durante uma crise de vergonha falamos *conosco* de uma maneira que NUNCA falaríamos com as pessoas que amamos e respeitamos.
3. **Assumir o que aconteceu.** Não enterre o episódio nem deixe que ele o defina. Costumo dizer isto em voz alta: "Se você assumir a sua história, conseguirá escrever o final dela." Quando enterramos a história, nos tornamos para sempre uma vítima dela. Se a assumirmos, conseguiremos narrar o seu final. Como disse Carl Gustav Jung: "Eu não sou o que me acontece. Eu sou o que escolho me tornar."

Embora eu soubesse que a coisa mais perigosa a fazer depois de uma experiência de vergonha é se esconder ou enterrar a história, tive medo de comunicar o que acabara de me acontecer. Mas consegui.

Telefonei para o meu marido, Steve, e para minha amiga Karen. Ambos me ofereceram o que eu mais precisava naquele momento: empatia, a melhor lembrança de que não estamos sozinhos. Em vez de julgamento (que só aumenta a vergonha), a empatia transmite um simples reconhecimento: "Você não está sozinha."

Empatia significa conexão; é uma escada para fora do buraco da vergonha. Steve e Karen não só me ajudaram a sair do poço escuro, pelo fato de terem me escutado e me transmitido amor, mas também se mostraram vulneráveis quando me contaram que já haviam estado no mesmo buraco. A empatia não exige que tenhamos exatamente as mesmas experiências da pessoa que divide um segredo conosco. Nem Karen nem Steve tinham enviado um e-mail desastrado como aquele, mas ambos conheciam o peso da voz dos *gremlins* e da sensação de "ter sido pego" ou de ter dado tudo errado. Empatia é se conectar com o *sentimento* que alguém está experimentando, e não com o acontecimento ou a circunstância. A vergonha se dissipou no momento em que descobri que não estava sozinha - que a minha experiência era humana.

Curiosamente, as reações de Steve e de Karen foram totalmente diferentes. Steve foi mais circunspecto e disse algo como: "Sei como você se sente. Conheço essa sensação." Karen, por sua vez, respondeu de uma maneira que me fez dar uma boa risada em 30 segundos. O que eles tiveram em comum em suas reações foi que os dois se colocaram no meu lugar e disseram que tinham passado por algo parecido, fazendo com que eu me sentisse mais normal. Não há maneira certa ou errada de demonstrar empatia. É simplesmente escutar, criar espaço para a sinceridade, não emitir julgamentos, se conectar emocionalmente e transmitir aquela incrível mensagem restauradora que diz "Você não está sozinho".

As conversas com Steve e Karen me permitiram superar a vergonha, recuperar a calma e responder ao e-mail a partir de um estado em que eu era capaz de ser autêntica e reconhecer meu valor. Assumi a minha parte de culpa naquela troca raivosa de mensagens e me desculpei pela linguagem inapropriada. Também impus limites claros para futuras comunicações. E nunca mais tive notícias do sujeito.

A vergonha se alimenta do segredo. Em uma pesquisa pioneira, um psicólogo da Universidade do Texas, professor James Pennebaker, e seus colegas estudaram o que aconteceu quando sobreviventes de grandes traumas – especificamente de estupro e incesto – mantiveram suas experiências em segredo. A equipe de pesquisadores descobriu que o ato de não revelar um acontecimento traumático ou de não confidenciar para alguém próximo poderia ser mais prejudicial do que o próprio acontecimento. Inversamente, quando as vítimas partilhavam suas histórias e experiências, sua saúde física melhorava, as visitas aos médicos eram menos frequentes e elas apresentavam uma queda significativa em seus hormônios do estresse.

Desde o seu primeiro trabalho sobre os efeitos maléficos de manter segredos, Pennebaker concentrou grande parte de sua pesquisa no poder de cura da escrita terapêutica. No livro *Writing to Heal* (Escrevendo para curar), Pennebaker explica: "Desde a metade da década de 1980 um número crescente de pesquisas vem se concentrando no valor terapêutico da escrita como meio de promover a cura. Cresce a evidência de que o ato de escrever sobre a experiência traumática por apenas 15 ou 20 minutos por dia, durante três ou quatro dias, pode produzir mudanças concretas na saúde física e mental. A escrita emocional pode afetar também os hábitos de sono, a eficiência no trabalho e a maneira como as pessoas vitimadas se relacionam."

A resiliência à vergonha é uma prática, e, assim como Pennebaker, acredito que escrever sobre nossas experiências de vergonha é um componente incrivelmente poderoso para a sua superação. Leva-se tempo para amadurecer essa prática e adquirir coragem para reconhecer as falhas e falar sobre as coisas difíceis. É preciso dar o primeiro passo. Comente sobre o livro que está lendo e conte a sua história. Essa é uma ótima maneira de começar.

TEIAS E CAIXAS: COMO MULHERES E HOMENS VIVENCIAM A VERGONHA DE FORMA DIFERENTE

Nos primeiros quatro anos de minha pesquisa sobre a vergonha, eu me concentrei somente nas mulheres. Algo me dizia que, se eu unificasse a coleta de dados de homens e mulheres, acabaria perdendo algumas nuances importantes da experiência deles. E o fato de ter optado por entrevistar apenas mulheres também teve a ver com achar que, quando se tratava de valorização e dignidade, as mulheres eram as que mais sofriam. Em algum nível, também percebo que minha resistência a abrir o escopo estava baseada numa intuição de que entrevistar homens seria como mergulhar em um mundo novo e estranho para mim.

Como de fato aconteceu, ao falar com os homens me deparei com um mundo novo e estranho – um mundo de sofrimento não expressado. Tive um vislumbre disso em 2005, no final de uma de minhas palestras. Um homem alto e magro, aparentando uns 60 anos, seguiu sua mulher até a frente do salão. Conversei com ela por alguns minutos enquanto autografava alguns livros que ela havia comprado. Quando começou a se afastar, seu marido lhe disse: "Me espere lá fora que eu já vou."

Ela deixou bem claro que não queria que ele ficasse para conversar comigo, mas o homem não cedeu. Então a mulher se retirou para o fundo do salão, e ele se dirigiu a mim na mesa de autógrafos.

Ele começou inocentemente, dizendo:

– Gostei do que você disse sobre a vergonha. É muito interessante.

Eu lhe agradeci e esperei – sabia que viria mais por aí. O homem se inclinou e continuou:

– Estou curioso. E quanto aos homens e a vergonha? O que você aprendeu sobre nós?

Fiquei aliviada. A conversa não iria durar muito porque eu entendia pouco do assunto.

– Não fiz muitas entrevistas com homens – expliquei. – Estudo apenas mulheres.

Ele fez que sim com a cabeça e disse:

– Entendo. É conveniente.

No mesmo instante senti os cabelos da minha nuca se arrepiarem em atitude defensiva. Forcei um sorriso e perguntei, na voz alterada que costumo usar quando me sinto desconfortável:

– Por que conveniente?

– Quer mesmo saber?

– Claro – respondi, preparando-me para a guerra.

Então os olhos do homem se encheram de lágrimas. Ele disse:

– Nós temos vergonha. Uma vergonha profunda. Mas quando a reconhecemos e contamos nossa história, não encontramos apoio.

Eu me esforcei para manter contato visual com ele. Sua dor nua e crua me emocionou, mas eu ainda tentava me proteger. Quando eu estava prestes a fazer um comentário sobre como os homens são duros uns com os outros, ele se antecipou e disse:

– Antes que você mencione professores, chefes, irmãos e pais como os únicos vilões da história... – Ele apontou para o fundo do salão onde estava a esposa e continuou: – Minha mulher e minhas filhas, aquelas para quem você autografou os livros, preferem me ver morto a me verem fraquejar. Você diz que as mulheres querem nos ver vulneráveis e verdadeiros, mas, convenhamos, vocês não aguentam nos ver assim!

Tomei cuidado para não demonstrar, mas eu estava reagindo da mesma forma ao que ele me contava. Suas palavras me atingiram de uma maneira que só a verdade é capaz de fazer. Ele soltou um longo suspiro e, tão rápido quanto havia começado, se despediu:

– É tudo que eu queria dizer. Obrigado por me ouvir.

E foi embora.

Passei anos pesquisando mulheres e ouvindo suas histórias e conflitos. Naquele momento, entendi que os homens têm as próprias histórias e que, se tivermos que achar nosso caminho para lidar melhor com a vergonha, faremos isso juntos. Portanto, esta seção mostra o que aprendi sobre as mulheres e os homens, sobre como nos magoamos reciprocamente e como precisamos uns dos outros para a cura.

Agora que estudei a ambos, passei a acreditar que homens e mulheres são igualmente afetados pela vergonha. As mensagens e expectativas que abastecem esse sentimento são claramente organizadas de acordo com o gênero, mas a experiência da vergonha é universal e profundamente humana.

AS MULHERES E A TEIA DA VERGONHA

Quando pedi às mulheres que compartilhassem suas definições ou experiências de vergonha, eis o que ouvi:

- Parecer perfeita... Fazer tudo com perfeição... Qualquer coisa menos que isso é vergonhoso.
- Ser julgada por outras mães.
- Ficar exposta – quando as partes deficientes que quero esconder de todos são mostradas.
- Por mais coisas que eu conquiste ou por mais progresso que alcance, o lugar de onde vim e o que passei na vida sempre me impedirão de sentir que sou boa o bastante.
- Embora todo mundo saiba que não há como dar conta de tudo, todos ainda esperam que seja feito. Vergonha é quando você não vai conseguir e tenta fazer parecer que está tudo sob controle.
- Nunca ser o bastante em casa. Nunca ser o bastante no trabalho. Nunca ser o bastante na cama. Nunca ser o bastante com meus pais. Vergonha é nunca ser o bastante.

Relembrando as 12 áreas da vergonha (aparência e imagem corporal, dinheiro e trabalho, maternidade/paternidade, família, criação de filhos, saúde física e mental, vícios, sexo, velhice, religião, traumas e estigmas ou rótulos), o primeiro gatilho para as mulheres, em termos de força e universalidade, é a primeira área: nossa aparência. Depois de todo esse despertar da consciência, ainda sentimos vergonha de não sermos magras, jovens ou bonitas o bastante.

Curiosamente, em termos de gatilhos da vergonha para as mulheres, a maternidade está em segundo lugar. E ninguém precisa ser mãe para experimentar a vergonha da maternidade. A sociedade enxerga a feminilidade e a maternidade como laços insolúveis; dessa forma, o valor de uma mulher está quase sempre determinado pelo lugar que ela ocupa em relação a seu papel como mãe ou mãe em potencial. As mulheres são constantemente questionadas sobre por que não se casaram e, caso sejam casadas, por que não tiveram filhos. Até mesmo mulheres que são casadas e têm apenas um filho são sempre questionadas sobre por que não tiveram um segundo filho. Se a mulher trabalha fora, a primeira pergunta é: "E como ficam seus filhos?" Se não trabalha fora, muda para: "Que tipo de exemplo você está dando para suas filhas?" A vergonha da maternidade é onipresente – é como um direito de nascença para mulheres.

Mas a maior dificuldade para as mulheres – que amplifica a vergonha independentemente da área de atuação – é que todos esperam que nós sejamos perfeitas, e não nos é permitido nem sequer parecer que estamos trabalhando para isso. A perfeição simplesmente tem que se materializar. E tudo deve parecer fácil e sem esforço. Espera-se que sejamos beldades naturais, mães natas, líderes natas, e ainda precisamos pertencer a famílias naturalmente encantadoras.

Quando vasculho as páginas de minha pesquisa em busca de definições e exemplos proporcionados por mulheres, sempre visualizo uma teia. É como se houvesse uma arraigada e complexa teia de aranha de expectativas superpostas, conflitantes e concorrentes que ditam exatamente:

- quem devemos ser;
- o que devemos ser;
- como devemos ser.

Quando penso nos meus esforços para ser tudo para todos – algo para o qual nós, mulheres, fomos educadas –, vejo como cada movimento que faço me retém ainda mais. E depois, quando tento me livrar, cada esforço para sair da teia me leva a ficar ainda mais presa. Isso porque toda escolha tem consequências ou leva alguém a ficar zangado ou decepcionado com você.

A teia é uma metáfora para a clássica situação do dilema insolúvel. A escritora Marilyn Frye descreve um dilema insolúvel como uma "situação na qual as opções são muito limitadas e todas elas carregam em si a possibilidade de nos expor a um castigo, uma censura ou uma privação". Em termos de expectativas conflitantes e concorrentes, as mensagens para as mulheres são estas:

- Seja perfeita, mas não se preocupe muito com isso e não sacrifique o tempo com sua família, seu cônjuge ou seu trabalho para atingir a perfeição. Se você for realmente boa, a perfeição virá naturalmente.
- Não incomode ninguém nem fira os sentimentos alheios, mas diga o que pensa.
- Liberte sua sexualidade (depois de botar as crianças para dormir, passear com o cachorro e arrumar a casa), mas faça isso com discrição, dentro dos padrões aceitáveis.
- Seja você mesma, mas sem que isso signifique ser tímida ou insegura. Não há nada mais atraente do que a autoconfiança (especialmente se você for jovem e linda).
- Não deixe ninguém desconfortável, mas seja sincera.
- Não se entregue demais às emoções, mas também não seja muito desinteressada. Se for muito emocional, será vista como histérica. Se for muito ausente, será vista como uma megera insensível.

Em um estudo recente nos Estados Unidos sobre conformidade às normas de gênero, os pesquisadores classificaram os atributos mais importantes associados a "ser feminina": ser simpática, perseguir um ideal de magreza, mostrar modéstia ao não chamar atenção para os próprios talentos e habilidades, ser caseira, cuidar bem dos filhos, investir em um relacionamento romântico, manter intimidade sexual dentro de uma relação de compromisso e usar os recursos financeiros para investir na aparência.

Basicamente, temos que desejar ser modestas, doces e submissas, e usar nosso tempo e nossos talentos para ficarmos bonitas. Nossos sonhos, desejos e dons não têm importância. Todas as mulheres bem-sucedidas que entrevistei me falaram de seus esforços diários para se livrar das "regras" do passado, a fim de que pudessem se afirmar, defender suas ideias e se sentir bem com seu poder e suas conquistas.

A exigência de "ser modesta, doce e submissa" pode parecer ultrapassada, mas a verdade é que as mulheres ainda se rendem a isso onde quer que encontrem ou usem a própria voz. Quando o vídeo da conferência TED foi para a internet, eu quis me esconder. Implorei que meu marido virasse um hacker e entrasse no site para "tirar aquela porcaria do ar". Criei fantasias de invadir servidores e deletá-lo. Fiquei desesperada. Foi quando percebi que havia inconscientemente trabalhado durante toda a minha carreira para manter meu trabalho pequeno. Eu gostava de escrever para a minha comunidade restrita de leitores, pois pregar só para o coro da igreja é bem mais fácil e seguro. A rápida expansão do meu trabalho era exatamente o que eu passara a vida inteira tentando evitar. Eu não queria exposição e estava aterrorizada com a crítica perversa que é tão presente na cultura da internet.

De fato, a perversidade aconteceu, e grande parte dela foi usada para defender essas normas que nós mulheres adoramos acreditar que já estão ultrapassadas. Quando uma agência de notícias exibiu o vídeo em seu site, logo surgiu um debate acalorado na seção de comentários – sobre o meu peso! "Como ela pode ensinar sobre valorização quando precisa perder, no mínimo, 10 quilos?" Em outro site, houve uma discussão sobre a inconveniência de mães terem crises de desânimo. "Eu sinto pena dos filhos dela. Boas mães não surtam desse jeito." Outro comentário dizia: "Menos pesquisa, mais botox."

Algo semelhante ocorreu quando escrevi um artigo sobre imperfeição para o site CNN.com. Para ilustrar o artigo, o editor usou uma foto que eu tinha tirado de uma grande amiga com a mensagem "Eu sou o bastante" escrita em sua blusa. É uma imagem bonita que mantenho em meu escritório como lembrança. Isso gerou comentários do tipo: "Ela até pode acreditar que é o bastante, mas pelo tamanho dos peitinhos dela dá pra ver que não é bem assim." E também: "Se eu fosse parecida com a Brené Brown, também abraçaria a causa da imperfeição."

Sei que esses exemplos são sintomáticos da cultura cruel que suportamos hoje, da qual todo e qualquer indivíduo representa um alvo, mas repare em como e em que ponto escolheram atacar. Essas pessoas miraram na minha aparência e na minha maternidade – dois tiros mortíferos inspirados na lista oficial das normas femininas. Passaram longe da minha inteligência e das minhas teorias – isso não me machucaria o suficiente.

Portanto, de forma alguma essas normas sociais foram descartadas, mesmo que sejam reducionistas e suguem a nossa vitalidade – e a vergonha é o caminho para fortalecê-las. Trata-se de outra razão por que a resiliência à vergonha é um pré-requisito para a vulnerabilidade.

Acredito que ousei grandemente na minha palestra na TED. Falar sobre minhas dificuldades foi uma atitude muito corajosa, dada a tendência que tenho de me proteger e a usar a pesquisa como uma armadura. E a única razão para eu ainda estar de pé (e estar aqui escrevendo este livro) é que desenvolvi algumas armas afiadas para lidar com a vergonha e tenho certeza de que a coragem se tornou uma virtude muito importante para mim.

Aqueles comentários acionaram a vergonha em mim. Eu me senti ofendida, furiosa, quis chorar e sumir. Mas eu me permiti sentir essas coisas por algumas horas, ou alguns dias, e então me expus, falei dos meus sentimentos com as pessoas que eu amo e segui em frente! Saí dessa experiência mais corajosa, mais tolerante e mais conectada com a vida. (*Também parei de ler comentários anônimos. Se uma pessoa não está na arena da vida como nós, lutando e dando a cara a tapa, não estou interessada no que ela tem a dizer.*)

COMO OS HOMENS VIVENCIAM A VERGONHA

Quando pedi aos homens que definissem a vergonha ou me falassem sobre o assunto, eis o que ouvi:

- Vergonha é o fracasso. No trabalho. No campo de futebol. No casamento. Na cama. Com as finanças. Com seus filhos. Não importa onde, vergonha é o fracasso.
- Vergonha é ser errado. Não fazer algo errado, mas ser errado.

- Vergonha é a sensação de ser defeituoso.
- A vergonha acontece quando as pessoas pensam que você é fraco. É humilhante e vergonhoso não ser visto como alguém durão.
- Revelar qualquer fraqueza é vergonhoso. Vergonha é fraqueza.
- Demonstrar medo é vergonhoso. Não podemos demonstrar medo. Não podemos ter medo – não importa do quê.
- Vergonha é ser visto como o cara que pode ser facilmente dominado.
- Nosso maior medo é sermos criticados ou ridicularizados – essas duas coisas são extremamente vergonhosas.

Basicamente, os homens vivem sob a pressão de uma mensagem dura e impiedosa: não seja considerado um fraco.

Sempre que meus alunos da graduação vão entrevistar homens, digo a eles que se preparem para três coisas: histórias do tempo de colégio, metáforas de esporte e a palavra *maricas* (ou qualquer outro sinônimo).

Quando comecei a escrever sobre minha pesquisa com homens, usei a imagem de uma caixa para exemplificar como a vergonha aprisiona os homens.

Assim como as exigências sobre as mulheres é que elas sejam naturalmente bonitas, magras e perfeitas em tudo, principalmente na maternidade, a caixa tem regras que dizem aos homens o que eles devem e não devem fazer, e quem eles estão autorizados a ser. Mas, para os homens, todas as regras ecoam o mesmo mandamento: "Não seja fraco."

Nunca me esquecerei do que disse um jovem de 20 anos que fazia parte de um pequeno grupo de universitários que eu estava entrevistando: "Deixe-me lhe mostrar a caixa." Mesmo sentado, dava para ver que ele era um rapaz alto. Ele disse: "Imagine viver assim", e foi se encolhendo e fingindo que estava sendo comprimido dentro de uma pequena caixa.

Ainda encurvado, ele prosseguiu: "Nós só temos três escolhas. Passamos a vida lutando para sair, dando socos nas laterais da caixa na esperança de que ela quebre. Ficamos sempre revoltados e vivendo aos tropeções. Ou desistimos e deixamos de nos importar." Nesse ponto ele desmoronou no chão. Nos segundos que se seguiram, daria para escutar o barulho de uma agulha caindo no chão.

Essa demonstração foi uma das mais sinceras e corajosas que tive o privilégio de presenciar, e sei que as pessoas naquela sala foram profundamente afetadas por ela. Depois da entrevista em grupo, o rapaz compartilhou comigo algumas histórias de sua vida. Ele havia sido um pintor prodígio na infância, e se encolheu um pouco ao descrever como tinha certeza desde muito novinho de que seria feliz se pudesse passar a vida pintando e desenhando. Ele contou que, um dia, seu tio apontou para alguns desenhos seus que estavam pregados na geladeira e disse em tom debochado para seu pai: "O que é isso? Você está criando um artista afeminado agora?"

Depois disso, ele me revelou, seu pai, que sempre se colocara de forma neutra em relação à sua arte, o proibiu de continuar estudando pintura. E mesmo a mãe, que até então se mostrava orgulhosa de seu talento, concordou que aquilo era "coisa de menina". O rapaz me disse ainda que ele fizera um desenho de sua casa no dia anterior àquele episódio cruel e que desde então havia sido a última coisa que desenhara.

GRANDES E TODO-PODEROSOS

Quanto mais aprendo sobre os homens e suas experiências com a vergonha, mais associo a tudo isso a imagem da caixa daquele universitário. Os meninos já nascem dentro dela, mas, quando são pequenos, ainda podem se movimentar um pouco. Podem chorar e se agarram à mamãe. Porém, à medida que vão crescendo, há cada vez menos espaço para se agitar. Quando viram homens, é sufocante.

Assim como as mulheres, os homens são aprisionados em seus próprios dilemas insolúveis. Nos últimos anos, com a recessão na economia americana, comecei a ver que, depois que a escassez tomou conta da nossa sociedade, a mensagem não é mais apenas "Não seja fraco". Agora também inclui: "É melhor você ser grande e todo-poderoso." Essa noção me veio à mente pela primeira vez quando entrevistei um homem que estava mergulhado na vergonha por estar desempregado. Ele me disse: "É estranho. Meu pai sabe. Meus dois amigos mais próximos sabem. Mas minha esposa não sabe. Há seis meses, todas as manhãs, eu ainda me arrumo e saio de casa como se fosse para o trabalho. Só que eu me dirijo para o outro lado da cidade, me sento em um banco de praça e procuro emprego."

A expressão no meu rosto deve ter deixado transparecer o que passava pela minha cabeça: como ele conseguiu manter essa situação por tanto tempo? E sem esperar pela próxima pergunta ele mesmo respondeu: "Ela não quer saber. E mesmo que já soubesse, ela ia querer que eu continuasse fingindo. E acredite em mim, se eu arranjar um novo emprego e só contar depois que já estiver empregado, ela ficará agradecida. Saber a verdade mudaria sua maneira de me enxergar. E ela não está interessada nisso."

Eu não estava preparada para ouvir dos homens sobre como as mulheres de suas vidas – mães, irmãs, namoradas e esposas – os criticam o tempo todo por não serem acessíveis e vulneráveis e por fugirem de intimidade, ao mesmo tempo que estão na frente daquela caixa apertada onde seus homens estão agachados, se escondendo.

Eis o padrão doloroso que emergiu da minha pesquisa com os homens: nós pedimos a eles que sejam transparentes, suplicamos que nos deixem entrar e imploramos que nos digam quando estão com medo, mas a verdade é que a maioria das mulheres não segura essa barra. Nos momentos em que os homens se mostram verdadeiramente vulneráveis, a maioria de nós entra em pânico – que se expressa como indignação e desprezo. Mas os homens são muito inteligentes. Eles conhecem os riscos e percebem em nossos olhos quando estamos pensando: *Vamos lá, recomponha-se! Aja feito homem!*

Joe Reynolds, um de meus mentores, me disse certa vez, durante uma conversa sobre homens, vergonha e vulnerabilidade: "Os homens sabem o que as mulheres realmente querem. Elas querem que a gente finja que está vulnerável. E acabamos nos tornando muito bons em fingir."

Encobrir a vergonha machuca tanto quanto expô-la. Um exemplo disso veio de um homem que me disse que sempre sentia vergonha de sua mulher por causa de dinheiro. Ele contou que o último episódio foi quando a esposa chegou em casa e disse: "Acabo de ver a casa nova de Katie: é uma maravilha! Ela está tão feliz de finalmente ter a casa dos seus sonhos. E, ainda por cima, ela vai parar de trabalhar no ano que vem."

Ele me confessou que a sua reação imediata foi de raiva. Então, ele iniciou uma discussão com a mulher a respeito de uma visita próxima de sua sogra e logo se isolou em outra parte da casa. Quando nós conversamos sobre esse episódio, ele falou: "Foi por vergonha. Por que ela tinha que dizer aquilo? Eu sei. É porque o marido de Katie ganha muito bem. Ele dá muitas coisas para ela. Eu não tenho como competir."

Quando lhe perguntei se ele achava que fora intenção da esposa atingi-lo ou envergonhá-lo, ele respondeu: "Não tenho certeza. Quem pode saber? Recusei um emprego que me pagaria muito mais porém exigia que eu ficasse fora, viajando, três semanas por mês. Ela disse que me apoiava na decisão, pois ela e as crianças sentiriam muita saudade de mim. Mas agora fica fazendo comentários sobre dinheiro aqui e ali. Eu não sei mais o que pensar."

IRRITADOS OU RETRAÍDOS

Não pretendo simplificar algo tão complexo quanto a reação à vergonha, mas devo dizer que, quando se trata de homens, parece haver duas reações básicas: ficarem irritados ou retraídos. É claro que, assim como as mulheres, quando os homens aprendem a lidar com a vergonha, isso muda e eles passam a reagir com consciência, autovalorização e empatia. Mas sem essa tomada de consciência, quando os homens sentem aquele surto de inadequação e insignificância, eles geralmente respondem com raiva ou se retraem completamente.

Depois de ter coletado dados suficientes nas entrevistas para começar a identificar temas e padrões marcantes, agendei reuniões com terapeutas homens especializados em comportamento masculino. Eu queria ter certeza de que não estava filtrando o que tinha escutado dos homens com base em minhas próprias experiências. Quando consultei um desses terapeutas sobre o conceito de "irritados ou retraídos", ele me contou a seguinte história para ilustrar a questão.

Quando estudava no ensino médio, ele aceitou o desafio de entrar para o time de futebol americano do colégio. No primeiro dia de treino, seu técnico dividiu o grupo de garotos em duas equipes e mandou que se posicionassem. Ele tinha crescido praticando o esporte em seu bairro, mas esta era a primeira vez que se perfilava em um campo, com uniforme e proteções, frente a frente com garotos cujo objetivo era derrubá-lo. O terapeuta me disse: "De repente fui tomado pelo medo. Comecei a pensar quanto machucaria me chocar com aqueles garotos bem maiores que eu, e acho que o medo transpareceu no meu rosto."

Enquanto tentava disfarçar o medo, o treinador gritou para ele: "Não seja maricas! Fique na posição." Ele disse que a vergonha então tomou conta de seu corpo todo. "Naquele momento, ficou muito claro para mim como o mundo funciona e o que significa ser um homem: não ter permissão para sentir medo; não ter permissão para demonstrar medo; não ter permissão para ficar vulnerável."

Quando lhe perguntei o que fez em seguida, ele me olhou nos olhos e disse: "Eu transformei meu medo em raiva e fui com tudo para cima do cara na minha frente. Funcionou tão bem que passei os 20 anos seguintes da minha vida transformando meus medos e vulnerabilidades em raiva e atacando todos que estivessem por perto – minha esposa, meus filhos, meus funcionários. Eu não conhecia outra maneira de disfarçar o medo e a vergonha."

O medo e a vulnerabilidade são emoções poderosas. Não há como simplesmente ignorá-los. Você tem que fazer algo com eles.

O terapeuta, então, concluiu: "Comecei a fazer terapia quando minha raiva saiu do controle e passei a beber demais, prejudicando meu casamento e o relacionamento com meus filhos. É por isso que trabalho com isso hoje."

A resiliência à vergonha – com os quatro elementos que vimos no capítulo anterior – tem a ver com um meio-termo, uma opção que nos permita abraçar o momento e encontrar a coragem emocional de que precisamos para reagir de uma maneira que não contrarie nossos princípios.

SOU TÃO EXIGENTE COM OS OUTROS QUANTO SOU COMIGO MESMO

Assim como o pai que podou o talento de seu filho artista ou o treinador que pegou pesado com seu time de garotos, as mulheres também podem ser muito duras com outras mulheres. Somos exigentes com as outras porque somos muito exigentes com nós mesmas. É exatamente assim que o julgamento funciona: achar alguém para rebaixar, julgar ou criticar se torna uma maneira de escapar da teia ou de desviar a atenção. Se você está se saindo pior do que eu em alguma coisa, imagino que minhas chances de sobrevivência sejam maiores.

Meu marido e eu conhecemos alguns salva-vidas e professores de natação. A grande regra do salvamento é utilizar todos os recursos possíveis antes de saltar e tentar tirar alguém da água. Mesmo que seja um exímio nadador e que a pessoa que está em dificuldade tenha a metade do tamanho dele, alguém desesperado fará tudo para salvar a si mesmo – para conseguir manter o fôlego –, inclusive empurrar o salva-vidas para o fundo no seu esforço de sobrevivência. O mesmo acontece com as mulheres na teia da vergonha. Estamos tão desesperadas para nos livrar da vergonha que ficamos constantemente atacando as pessoas à nossa volta quando nos sentimos ameaçadas.

A ironia é que a pesquisa revela que julgamos as pessoas nas áreas em que nós mesmas somos vulneráveis à vergonha, atingindo sobretudo quem está fazendo as coisas pior do que nós. Se me sinto bem em relação à educação dos filhos, não tenho interesse em julgar as opções de outras pessoas. Se me sinto confortável com meu corpo, não saio por aí zombando do peso ou da aparência de ninguém. Somos cruéis umas com as outras porque usamos essas mulheres como alvo de nossas próprias insatisfações com as deficiências vergonhosas que carregamos. Isso é nocivo e ineficaz – e se olharmos para o bullying nas escolas, é também contagioso. Nós ensinamos esse falso mecanismo de sobrevivência para nossas filhas.

Nas minhas entrevistas com professores e diretores de escola, surgiram dois padrões que se relacionam diretamente com esse tema. O primeiro padrão é que, muitas vezes, as crianças que se envolvem com a prática do bullying ou competem por posição social degradando as outras têm pais que se comportam da mesma maneira com elas. Quando se tratava de garotas, a frase que surgia com frequência nas entrevistas era: "Os pais delas não estão preocupados com seu comportamento; eles têm orgulho por ela ser uma garota popular." Um diretor comparou essa atitude com a dos pais que primeiro perguntam: "Bem, pelo menos meu filho ganhou a briga?"

O outro padrão, que surgiu apenas nos últimos dois anos da pesquisa, é a idade em que isso acontece. Quando comecei este trabalho, o bullying ainda não era um tema relevante na sociedade, mas como pesquisadora da vergonha eu já dava importância a isso. Escrevi sobre o assunto na página de opinião do jornal *Houston Chronicle* há mais de 10 anos. Na ocasião, meu foco eram os adolescentes, porque a coleta de dados apontava a adolescência como a idade em que esses casos mais ocorriam. Nos últimos anos, entretanto, constatei que muitos meninos e meninas têm se envolvido nesse padrão de comportamento já nos primeiros anos escolares.

Como romper esse círculo vicioso? Talvez dando o exemplo de que a solução para se livrar da vergonha não é diminuir pessoas que estejam na mesma situação que nós, mas, ao contrário, darmos as mãos e tentarmos sair dela juntos. Por exemplo, se estivermos em um cinema e observarmos uma mãe com o filho gritando, fazendo manha e jogando pipoca no chão, nós temos uma escolha. Se escolhermos usar esse momento para confirmar que somos pais ou mães melhores e que ela está presa na teia de uma maneira que não estamos, iremos lançar olhares de desaprovação e seguir nosso caminho. Porém, a outra escolha é olhar nos olhos daquela mãe em dificuldade de maneira compreensiva, tentando transmitir com um sorriso amigável a mensagem: "Você não está sozinha. Já passei por isso", e assim fazê-la se sentir mais acolhida e segura.

Isso é empatia, e empatia requer vulnerabilidade, pois sempre corremos o risco de levar um fora – mas ainda assim vale a pena.

O número crescente de homens e mulheres dispostos a correr o risco da vulnerabilidade e partilhar suas histórias de vergonha me dá muita esperança. Vejo isso em atividades de aconselhamento formais e informais; nos blogueiros que usam a tela para dividir suas experiências com os leitores;

nas escolas que não só estão se tornando cada vez menos tolerantes com o bullying entre os alunos, mas também estão chamando à responsabilidade os professores, os inspetores e os pais. Os adultos estão sendo cobrados a promover o modelo de sanidade emocional que tanto querem ver nas crianças e nos jovens.

Há uma transformação silenciosa acontecendo que está nos levando de "afrontar o outro" para "nos aproximar do outro". Sem dúvida, essa transformação exigirá saber lidar com a vergonha. Se estivermos dispostos a ousar grandemente e a nos arriscar ficando vulneráveis, nos libertaremos da teia e reconheceremos nosso valor.

HOMENS, MULHERES, SEXO E IMAGEM CORPORAL

Em 2006, tive um encontro com 22 estudantes universitários para falar sobre a vergonha. Em determinado momento, um rapaz de 20 e poucos anos contou que acabara de se divorciar de sua esposa, pois quando voltou do serviço militar, descobriu que ela estava tendo um caso. Ele disse que não ficou surpreso porque nunca tinha se sentido "bom o bastante para ela". Confessou que perguntava à ex-mulher constantemente o que ela queria e que sempre que chegava perto de satisfazer suas necessidades, ela redefinia a meta para mais longe.

Uma moça da turma pediu a palavra e disse: "Os rapazes são iguaizinhos. Eles também nunca estão satisfeitos. Nós nunca somos bonitas, atraentes ou magras o bastante." Em questão de segundos, o foco se tornou imagem corporal e sexo. A discussão era principalmente sobre como é assustador fazer sexo com alguém de que se gosta quando se está envergonhado com alguma parte do corpo. As jovens que começaram a discussão disseram: "Não é fácil fazer sexo e manter a barriga encolhida. Como a gente pode sentir prazer quando está preocupada com a gordurinha das costas?"

O rapaz que compartilhou a história do divórcio levantou a mão e gritou: "O problema não é a gordurinha nas costas! Vocês estão preocupadas com isso, mas nós não. Não estamos nem aí!" O grupo ficou completamente em silêncio.

Ele respirou fundo e completou: "Parem de fantasiar sobre o que se passa em nossa cabeça. O que realmente pensamos é: 'Você me ama? Você se importa comigo? Você me quer? Eu sou importante para você? Sou bom o bastante?' É isso que estamos pensando na cama. Quando se trata de sexo, sentimos que a nossa vida está em jogo, e vocês ficam preocupadas com essas bobagens?"

Nesse momento, alguns rapazes na sala estavam tão exasperados que colocaram as mãos sobre o rosto. Algumas garotas choravam e prendiam a respiração. Uma das moças que tinha levantado a questão da imagem corporal disse: "Eu não entendo. Meu ex-namorado vivia criticando o meu corpo."

O rapaz que deflagrara toda aquela comoção respondeu: "É porque ele é um idiota. Não porque é homem."

Um outro rapaz, já próximo dos 30, se manifestou de seu lugar, olhando firme para todos nós: "É verdade. Quando vocês querem estar conosco sem reservas, nos sentimos mais valorizados. Ficamos mais felizes. Acreditamos mais em nós mesmos. Estou casado desde os 18 anos e é o que sinto com minha mulher."

Até aquele momento, eu nunca pensara que os homens pudessem se sentir vulneráveis em relação ao sexo. Jamais tinha imaginado que a autoestima deles estivesse de alguma maneira em jogo. Depois disso conversei com muitos outros homens a respeito de temas como sexualidade, vergonha e valorização, incluindo profissionais de saúde mental. Uma das entrevistas foi com um terapeuta que passara mais de 20 anos trabalhando apenas com clientes do sexo masculino. Ele me explicou que os homens aprendem desde muito cedo que a iniciativa do sexo é responsabilidade deles, e a rejeição sexual logo se torna a marca registrada da vergonha masculina.

Ele comentou comigo: "Confesso que, quando minha esposa não está interessada em sexo, eu ainda tenho dificuldade para lidar com sentimentos de rejeição. Não importa se entendo intelectualmente por que ela não está a fim. Fico vulnerável, e é muito difícil." Quando lhe perguntei a respeito do trabalho que ele desenvolve sobre vícios e pornografia, ele me deu uma resposta que me ajudou a compreender esse assunto a partir de uma perspectiva inteiramente nova. Ele disse: "Por cinco dólares e cinco minutos, você acha que está tendo o que precisa, e sem o risco de ser rejeitado."

O motivo de essa colocação ter me impactado tanto foi por ser absolutamente diferente do que as mulheres pensavam. Depois de entrevistar mulheres por uma década, ficou claro que elas acham que os homens buscam pornografia por não gostarem da aparência delas e/ou por causa da falta de competência delas na área sexual. No fim da minha entrevista com o terapeuta, ele disse: "A grande revelação é que o sexo é assustador para a maioria dos homens. É por isso que todas essas coisas, da pornografia à violência, são tentativas desesperadas de exercer poder e controle. A rejeição é profundamente dolorosa."

Desenvolver um relacionamento íntimo – físico ou emocional – é quase impossível quando nossos mecanismos de vergonha estão ativados com força total. Algumas vezes, esses acessos de vergonha estão diretamente ligados ao sexo e à intimidade, porém, com muita frequência são os *gremlins* lançando confusão sobre nossos relacionamentos.

Como vimos, os motivos mais comuns para vergonha estão relacionados a imagem corporal, envelhecimento, aparência, dinheiro, criação de filhos, maternidade/paternidade, esgotamento, ressentimento e medo. Quando perguntei a homens, mulheres e casais como eles praticavam a espontaneidade de uma pessoa plena em torno desses tópicos tão delicados, uma resposta surgiu repetidas vezes: com conversas sinceras e afetuosas que requerem grande vulnerabilidade. Precisamos ser capazes de falar sobre como nos sentimos, sobre o que necessitamos e desejamos, e precisamos ouvir com o coração aberto e a mente aberta. Não há relacionamento íntimo sem vulnerabilidade.

AS PALAVRAS QUE NUNCA PODEMOS DESDIZER

Quando converso com casais, consigo ver como a vergonha produz uma das dinâmicas mais letais para um relacionamento. As mulheres, que sentem vergonha quando acham que não são ouvidas ou valorizadas, costumam lançar mão de críticas e provocações ("Por que você nunca faz o bastante?" ou "Você nunca faz isso direito"). Os homens, que sentem vergonha quando são criticados por serem incapazes, se calam (levando as mulheres a ferir e provocar mais) ou reagem com raiva.

Nos primeiros anos de nosso casamento, Steve e eu caímos nesse padrão. Lembro-me de uma discussão que tivemos em que estávamos muito irados. Depois de 10 minutos de recriminações insistentes de minha parte, ele se virou para mim e disse: "Chega. Me deixe sozinho por 20 minutos. Eu não aguento mais." Ele se trancou no quarto, e isso me deixou tão enlouquecida que esmurrei a porta e o desafiei: "Volte aqui e brigue comigo!" Naquele instante, quando ouvi a mim mesma, percebi o que estava acontecendo. Ele tinha chegado ao ponto de se fechar ou reagir com raiva, e eu estava me sentindo desprezada e incompreendida. A consequência foi o desespero mútuo.

Steve e eu completamos 18 anos de casamento. Ele é, sem dúvida, a melhor coisa que já me aconteceu. Quando nos casamos, nenhum dos dois tinha a menor ideia do que era preciso para fazer o casamento funcionar. Se alguém nos perguntar hoje, a resposta será: vulnerabilidade, amor, humor, respeito, esforço para se libertar da vergonha e uma vida livre de culpa. Nós aprendemos muito disso tudo em nosso próprio processo cotidiano de tentativa e erro, mas também com o meu trabalho e com os participantes da pesquisa que tiveram coragem de compartilhar suas histórias comigo. Sou muito grata a eles.

Passar vergonha é uma experiência incrivelmente dolorosa. O que frequentemente não percebemos é que provocar a vergonha dos outros é igualmente sofrido, e ninguém faz isso tão bem quanto um cônjuge ou os pais. Estas são as pessoas que nos conhecem melhor e que têm acesso às nossas vulnerabilidades e aos nossos maiores temores. Felizmente, podemos pedir perdão por envergonhar alguém que amamos, mas a verdade é que esses comentários deixam marcas. Envergonhar alguém que amamos em sua vulnerabilidade é a mais séria de todas as violações de segurança. Mesmo se pedirmos desculpa, já teremos causado prejuízos sérios porque demonstramos a nossa inclinação para usar informações sagradas como uma arma.

Em *A arte da imperfeição*, compartilho a definição de amor que desenvolvi com base nos meus registros.

> Cultivamos o amor quando permitimos que nosso eu mais vulnerável e poderoso seja totalmente visto e conhecido e quando honramos a

conexão espiritual que surge dessa ação com confiança, respeito, gentileza e afeto.

Amor não é algo que damos ou recebemos; é algo que nutrimos e fazemos crescer, um vínculo que só pode ser cultivado entre duas pessoas quando já existe dentro de cada uma delas – só podemos amar alguém na medida em que amamos a nós mesmos.

Vergonha, culpa, desrespeito, traição e negação de afeto danificam as raízes que fazem o amor crescer. O amor só consegue sobreviver a essas agressões se elas forem reconhecidas, curadas e não acontecerem com frequência.

Desenvolver essa definição foi uma das tarefas mais difíceis que já tive. Profissionalmente, parecia pretensioso tentar definir algo tão grande e importante como o amor. Essa sempre me pareceu uma incumbência de poetas e artistas. Minha motivação não era "esgotar o assunto", mas iniciar uma conversa sobre o que precisamos e queremos do amor.

Confesso que combati os dados da pesquisa com todas as minhas forças. Eu ouvia repetidamente dos participantes que o amor-próprio era um pré-requisito para amar os outros – e detestava isso. Às vezes é muito mais fácil amar Steve e as crianças do que amar a mim mesma. É muito mais fácil aceitar suas peculiaridades e excentricidades do que praticar o amor-próprio convivendo todos os dias com meus enormes defeitos. Mas, tendo praticado o amor-próprio com perseverança nos últimos anos, posso afirmar que isso aumentou incomensuravelmente a qualidade dos meus relacionamentos. Ao amar a mim mesma, ganhei coragem para me mostrar e ficar vulnerável de maneiras novas, e é disso que se trata o amor.

Alguns de nós são ótimos em fazer declarações de amor. Mas estamos mesmo indo além das palavras? Estamos conseguindo ser nosso eu mais vulnerável? Estamos mostrando confiança, gentileza, afeição e respeito para com nossos parceiros? Não é a falta de declarações de amor que nos coloca em dificuldade nos relacionamentos; o que produz as feridas é deixar de praticar o amor.

TORNANDO-SE AUTÊNTICO

Anteriormente neste capítulo mencionei que os pesquisadores descobriram que atributos como ser simpática, magra e modesta são virtudes que nossa cultura associa à feminilidade. Pois quando examinaram os atributos ligados à masculinidade nos Estados Unidos, os mesmos pesquisadores identificaram os seguintes: conquista, controle emocional, assumir riscos, violência, domínio, hedonismo, autossuficiência, supremacia no trabalho, poder sobre as mulheres, desprezo à homossexualidade e busca de status.

Entender essas listas e o que elas significam é de fundamental importância para compreender a vergonha e promover a resiliência. Como expliquei no início deste capítulo, a vergonha é universal, mas as mensagens e expectativas que a despertam são organizadas por gênero. Essas normas femininas e masculinas são o fundamento dos mecanismos de vergonha, e eis o porquê: se as mulheres quiserem cumprir as regras, elas precisam ser doces, magras, bonitas, caladas, mães e esposas perfeitas, e não ter poder. Quem não alcançar essas expectativas vai cair na teia da vergonha.

Os homens, por outro lado, precisam parar de sentir, começar a conquistar, botar todos em seus devidos lugares e se esforçar para chegar ao topo ou morrer tentando. Se empurrarem a tampa de sua caixa para pegar um pouco de ar, a vergonha acabará com eles.

É necessário acrescentar que para os homens há também uma mensagem cultural que promove a crueldade homofóbica. Se alguém quiser ser masculino em nossa sociedade, não basta ser hétero – tem que mostrar rejeição explícita à comunidade gay. A ideia do "faça isto ou odeie estas pessoas se você quiser ser aceito em nosso grupo" surgiu como um importante foco de vergonha na pesquisa.

Não importa se o grupo é uma gangue, uma torcida organizada, um grupo da igreja ou um clube de machistas – o pedido que se faz aos membros para odiarem ou desprezarem outro grupo de pessoas como uma condição de "aceitação" tem tudo a ver com controle e poder.

Depois de analisar os 11 atributos da masculinidade, concluo que este não é o tipo de homem com quem eu quero passar minha vida e que não é assim que desejo criar meu filho. A palavra que me vem à mente quando penso em uma vida construída em torno desses princípios é *isolamento* (que é o pior tipo de solidão).

Quando converso com homens e mulheres com alta capacidade de resiliência à vergonha, constato que estão bastante conscientes dessas listas. Eles mantêm os esquemas em mente para que, quando a vergonha bater à porta, possam checar essas "normas" à luz da realidade, praticando o segundo elemento da resiliência à vergonha: a consciência crítica. Feito isso, podem, então, escolher conscientemente não fazer o jogo dela.

O homem possuído pela vergonha ouve: "Você não deve ficar emotivo quando tiver que demitir pessoas."

O homem que pratica a resiliência à vergonha reage assim: "Não vou aceitar essa mensagem. Trabalhei com esses caras durante cinco anos. Conheço suas famílias. Tenho o direito de me preocupar com eles."

A vergonha sopra no ouvido da mulher que está fora da cidade a negócios: "Você não é uma boa mãe porque vai perder a peça teatral da turma de seu filho."

A mulher que pratica a resiliência responde: "Estou ouvindo, mas não vou cair nessa. Maternidade é muito mais do que ir a uma apresentação de teatro."

Uma das maneiras mais poderosas de fortalecer nossos gatilhos da vergonha é aceitar as normas baseadas nessas camisas de força de gênero. Um dos padrões revelados na pesquisa foi a constatação de como todo esse esforço para desempenhar papéis se torna quase insuportável por volta da meia-idade. Os homens se sentem cada vez mais isolados, e o medo do fracasso os paralisa. As mulheres se sentem exaustas, e pela primeira vez enxergam claramente que as expectativas do começo são impossíveis de cumprir. As realizações, os elogios e as conquistas, que são uma parte sedutora de viver segundo essas normas, começam a parecer um péssimo negócio.

Lembrar que a vergonha é o medo de perder vínculos – o medo de não sermos dignos de amor e de aceitação – nos ajuda a entender por que tantas pessoas na meia-idade passam a colocar seu foco na vida dos filhos, trabalhar 60 horas por semana, envolver-se em vícios e casos extraconjugais ou se entregar à completa desmotivação. Nós começamos a desmoronar. As expectativas e mensagens que abastecem a vergonha nos impedem de perceber quem nós somos como pessoa.

Hoje olho para trás e me sinto muito grata pelas mulheres e pelos homens corajosos que compartilharam suas histórias comigo. Jogar fora essas listas do que *nós deveríamos ser* é outro ato de coragem. Amar a nós mesmos e nos apoiarmos mutuamente no processo de nos tornarmos autênticos talvez seja o maior gesto de viver com ousadia.

Vou terminar este capítulo com um trecho do clássico da literatura infantil de língua inglesa, de 1922, *The Velveteen Rabbit* (O coelho de veludo), da escritora Margery Williams. É uma bela lembrança de como é muito mais fácil nos tornarmos autênticos quando sabemos que somos amados.

> – Ser real não tem a ver com a maneira como nós fomos feitos – disse o Pele de Cavalo. – É uma coisa que acontece. Quando uma criança o ama por muito, muito tempo, e não apenas para brincar com você, mas o ama de verdade, então você se torna Real.
>
> – E isso dói? – quis saber o Coelho.
>
> – Às vezes – respondeu o Pele de Cavalo, pois ele era sempre muito sincero. – Mas quando somos Reais, não nos importamos de nos ferir.
>
> – Tudo isso acontece de uma vez? Ou acontece aos pouquinhos?
>
> – Não acontece tudo de uma vez. Você se torna Real. Leva muito tempo. Por isso não ocorre normalmente com pessoas que desmontam com facilidade, ou que têm pontas afiadas, ou que têm que ser tratadas com muito cuidado. Geralmente, quando você se torna Real, a maior parte de seu pelo já caiu, seus olhos pularam para fora, suas juntas já se curvaram e você está bem surrado. Mas essas coisas não incomodam mais porque, quando alguém se torna Real, não pode mais ser feio, a não ser para as pessoas que não entendem de nada.

4

ARSENAL CONTRA A VULNERABILIDADE

Quer tenhamos 14 ou 44 anos, nossa armadura e nossas máscaras são individualizadas e exclusivas, assim como a vulnerabilidade, o desconforto e as dores que tentamos minimizar. Por isso fiquei surpresa ao descobrir que todos nós temos um pequeno arsenal de mecanismos de proteção em comum. Nossa armadura pode ter sido feita sob medida, mas algumas partes dela são permutáveis. Ao abrirmos algumas frestas da armadura, podemos expor à luz do dia elementos mais ou menos universais de proteção contra a vulnerabilidade.

No meu trabalho, máscaras e armaduras são as metáforas perfeitas para as ferramentas que usamos no intuito de nos protegermos do incômodo da vulnerabilidade. Com as máscaras nos sentimos mais seguros, mesmo quando elas nos sufocam. Com as armaduras nos sentimos mais fortes, mesmo quando ficamos cansados de carregar tanto peso nas costas. A ironia é que, quando deparamos com alguém que está escondido ou protegido por máscaras e armaduras, nos sentimos frustrados e rejeitados. Eis o paradoxo: *Vulnerabilidade é a última coisa que quero sentir em mim, mas a primeira que procuro no outro.*

Se eu estivesse dirigindo uma peça sobre o arsenal contra a vulnerabilidade, o cenário seria um refeitório de colégio e os personagens seriam os nossos eus de 11, 12 e 13 anos. Escolhi essa faixa etária porque pode ser difícil identificar a armadura nos adultos. Uma vez que a vestimos por muito tempo, ela se molda às nossas feições e acaba ficando indetectável - como uma segunda pele. Com as máscaras acontece o mesmo. Entrevistei centenas de participantes que compartilhavam do mesmo medo: "Não posso tirar a máscara agora - ninguém sabe como sou realmente. Nem meu cônjuge, nem meus filhos, nem meus amigos. Eles nunca estiveram com meu eu verdadeiro. Para dizer a verdade, nem eu mesmo tenho certeza de quem eu sou por baixo disso tudo."

Os pré-adolescentes e adolescentes, no entanto, são muito diferentes. É no ensino fundamental que a maioria de nós começa a tentar novas e diferentes formas de proteção. Nessa tenra idade, a armadura ainda é estranha e desconfortável. As crianças são desajeitadas em seus esforços para esconder o medo e a dúvida, o que torna mais fácil para os observadores enxergar quais armaduras elas estão usando e por quê.

E dependendo do nível de vergonha e medo, a maioria das crianças ainda tem que ser convencida de que o peso da armadura ou a natureza sufocante da máscara são dignos desse esforço. Elas vestem e tiram as personas e proteções sem hesitação, e, às vezes, na mesma sequência de frases: "Eu não me importo com o que aquelas pessoas pensam. Elas são idiotas. Essa festa é idiota. Você pode ligar para a mãe das minhas amigas e descobrir que roupas elas vão vestir? Tomara que me convidem para a festa."

Falando por experiência própria, o mais difícil de criar uma filha no ensino médio é ter que ficar cara a cara com a estudante desajeitada e de mãos suadas de nervosismo que ainda mora dentro de mim. Meu instinto na época era abaixar a cabeça e correr, e ainda sinto esse impulso palpitando em mim quando Ellen está passando por alguma dificuldade.

Quer tenhamos 14 ou 44 anos, nossa armadura e nossas máscaras são individualizadas e exclusivas, assim como a vulnerabilidade, o desconforto e as dores que tentamos minimizar. Por isso fiquei surpresa ao descobrir que todos nós temos um pequeno arsenal de mecanismos de proteção em comum. Nossa armadura pode ter sido feita sob medida, mas algumas partes dela são permutáveis. Ao abrirmos algumas frestas da armadura, podemos expor à luz do dia elementos mais ou menos universais de proteção contra a vulnerabilidade.

Quando esses mecanismos compartilhados começaram a emergir na coleta de dados, meu primeiro instinto foi classificar o comportamento e enxergar as pessoas à minha volta como estereótipos: "Ela com certeza usa essa máscara; meu vizinho veste direto essa armadura!" É da natureza humana querer categorizar e simplificar, mas isso nos afasta da verdade. Nenhum de nós utiliza apenas uma dessas defesas universais. A maioria será capaz de se relacionar com quase todas elas, dependendo das diferentes situações que se atravessa. Minha esperança é que uma espiada nesse arsenal nos ajude a olhar para dentro de nós mesmos. De que forma nos protegemos da vida? Quando e como começamos a usar esses mecanismos de defesa? O que nos faria abrir mão da armadura?

SER O BASTANTE

A parte que me pareceu mais contundente na minha pesquisa foi descobrir as táticas que irei descrever a seguir. Elas permitem que as pessoas tirem suas máscaras e armaduras. Presumi ter encontrado estratégias exclusivas para cada mecanismo de proteção, mas estava enganada.

No primeiro capítulo, falei sobre "ser o bastante" como antídoto para a escassez e exemplifiquei as características da escassez, como a vergonha, a comparação e a desmotivação. Portanto, parece que acreditar que somos bons o bastante é o caminho para fora da armadura – ele nos autoriza a tirar a máscara. Com este senso de "ser o bastante" vem a aceitação do próprio valor, dos limites e do envolvimento com a vida. Isso está no âmago de todas as estratégias adotadas pelos participantes da pesquisa para se libertarem de suas armaduras:

- Eu sou o bastante! (Dignidade versus vergonha.)
- Já chega! (Limites versus vontade de vencer sempre e comparação.)

- Mostrar-me, assumir riscos e deixar que me vejam é o bastante! (Envolvimento versus desmotivação.)

Todas as pessoas que entrevistei a esse respeito falaram de suas dificuldades em relação à vulnerabilidade. Ninguém é capaz de abraçar a transparência e a vulnerabilidade sem reservas, hesitação ou medo. Quando se trata de incertezas, riscos e exposição emocional, o que mais escutei foram relatos de pessoas tentando vestir algum tipo de armadura antes de finalmente se entregar:

- "Meu primeiro instinto é ______________, mas isso nunca funcionou, por isso agora eu ______________, e isso mudou minha vida."
- "Passei anos ______________, até que um dia eu tentei ______________, e isso fez meu casamento ficar mais fortalecido."

Recentemente, fiz uma palestra sobre vulnerabilidade para 350 pessoas, entre as quais oficiais da SWAT, policiais que acompanham presos em liberdade condicional e carcereiros. Um oficial da SWAT se aproximou de mim depois da palestra e disse: "O único motivo de termos escutado é que você é tão ruim em se abrir e se mostrar quanto nós. Se não tivesse a mesma dificuldade para lidar com a vulnerabilidade, nós não confiaríamos em nada do que disse."

Eu não só acreditei nele como concordei inteiramente. Confio nas estratégias que descrevo aqui por duas razões. A primeira é que os participantes da pesquisa que as compartilharam comigo combatem os mesmos *gremlins* e as mesmas inseguranças e dúvidas que todos nós enfrentamos. A segunda razão é que eu pratiquei essas táticas em minha vida e sei que elas não são apenas agentes de mudança – elas são boias salva-vidas.

As três formas de escudo que vou mostrar são o que chamo de "arsenal universal contra a vulnerabilidade" porque descobri que todos nós as incorporamos de algum modo em nossa armadura exclusiva e pessoal. Elas incluem a **alegria como mau presságio**, aquele temor repentino e paradoxal que reprime qualquer felicidade momentânea; o **perfeccionismo**, ou acreditar que fazer qualquer coisa com perfeição significa que você nunca passará vergonha; e o **entorpecimento**, a adoção de qualquer recurso que anestesie a dor do desconforto e da solidão. Cada escudo é acompanhado por estratégias para se viver com ousadia – todas elas nos ensinam a "ser o bastante" e têm eficácia comprovada no desarmamento.

ESCUDOS UNIVERSAIS CONTRA A VULNERABILIDADE

O ESCUDO DA ALEGRIA COMO MAU PRESSÁGIO

Por ter estudado sentimentos como a vergonha, o medo e a vulnerabilidade, nunca imaginei que algum dia confessaria que investigar o conceito da alegria virou minha vida profissional e pessoal de cabeça para baixo. Mas é verdade. De fato, ter passado tantos anos estudando o que significa sentir alegria faz com que eu afirme que esta seja provavelmente a emoção mais difícil. Isso porque, quando perdemos a capacidade ou o desejo de ficar vulnerável, a alegria se torna algo que vemos com profunda desconfiança. O nosso eu mais jovem costumava receber a alegria com puro deleite, e essa mudança chega lentamente e sem que tenhamos consciência. Passamos a sentir apenas que ansiamos por mais felicidade em nossa vida.

Em uma cultura de profunda escassez – de nunca nos sentirmos seguros ou certos o bastante –, a alegria parece uma farsa. Nós acordamos pela manhã e pensamos: "O trabalho vai bem, todos na família estão com saúde, nenhuma grande crise está acontecendo, a casa ainda está de pé, eu estou me sentindo bem. Que droga. Isso é ruim! Muito ruim. Algum desastre deve estar à espreita, só esperando para acontecer."

Ou somos promovidos e nosso primeiro raciocínio é: "Bom demais para ser verdade. Qual é a pegadinha?" Ou nós, mulheres, ficamos grávidas e pensamos: "Minha filha é saudável e feliz, logo, alguma coisa realmente ruim vai acontecer com esse novo bebê. Eu sei disso." Ou saímos de férias com a família pela primeira vez, mas, em vez de ficarmos animados, começamos a fantasiar sobre a queda do avião ou um acidente na estrada.

Quando perguntei aos participantes da pesquisa sobre as experiências que faziam com que se sentissem mais vulneráveis, eu não esperava que a alegria fosse uma das respostas. Esperava medo e vergonha, mas não os momentos felizes de suas vidas. Fiquei perplexa. Veja como as pessoas completaram a frase "Eu me sinto/senti mais vulnerável quando...":

- olho para meus filhos dormindo.
- admito como amo meu marido/minha esposa.
- reconheço como melhorei.
- amo meu emprego.
- passo alguns dias com meus pais.
- observo meus pais brincarem com meus filhos.
- penso no relacionamento com meu namorado/minha namorada.
- fiquei noiva/noivo.
- estou em remissão de uma doença grave.
- engravidei.
- fui promovido.
- me sinto feliz.
- estou apaixonada/apaixonado.

Antes do meu despertar espiritual em 2007, a alegria como mau presságio era uma das peças de minha armadura. Quando percebi a ligação entre vulnerabilidade e alegria, por meio do relato dos participantes, fiquei em choque. Eu considerava minha permanente preparação para um desastre um segredinho meu. Estava convencida de que era a única que contemplava os filhos enquanto dormiam e que, no momento seguinte da onda de amor e adoração, imaginava alguma coisa realmente terrível acontecendo com eles. Achava que ninguém além de mim visualizava carros destruídos e ensaiava aquelas ligações telefônicas tenebrosas com a polícia que todos nós tememos.

Uma das primeiras histórias que ouvi foi a de uma mulher com quase 50 anos. "Eu costumava pensar em todas as coisas boas e imaginar os piores desastres possíveis que poderiam estragar tudo", ela me disse. "Visualizava literalmente o quadro mais assustador e tentava controlar todas as consequências. Quando minha filha entrou para a faculdade de seus sonhos, comecei a achar que algo muito ruim iria acontecer se ela se mudasse para tão longe. Passei o verão inteiro antes de ela partir tentando convencê-la a estudar em uma faculdade local. Isso abalou a confiança dela e estragou nosso verão. Foi uma lição dolorosa. Agora cruzo meus dedos, fico grata, rezo e tento de todas as maneiras expulsar as imagens catastróficas da minha cabeça. Infelizmente, acabei transmitindo essa maneira mórbida de pensar para minha filha. Ela tem tido cada vez mais medo de tentar algo novo, sobretudo quando as coisas vão bem em sua vida. Ela me diz que não quer 'brincar com a sorte.'"

Um homem na faixa dos 60 anos me disse: "Eu costumava achar que a melhor maneira de levar a vida era esperando o pior. Desse modo, se o pior acontecesse, eu estaria preparado, e se não acontecesse, eu ficaria agradavelmente surpreso. Então, sofri um acidente de carro em que minha mulher faleceu. É inútil dizer que esperar o pior não me preparou para nada. Ainda sofro por todos aqueles momentos maravilhosos que passamos juntos e que não desfrutei em sua plenitude. Hoje meu compromisso com ela é aproveitar ao máximo todos os momentos. Eu só queria que ela estivesse aqui agora que aprendi a fazer isso."

Essas histórias ilustram de que modo o conceito de alegria como mau presságio, utilizado como método para reduzir a vulnerabilidade, vai desde "ensaiar a tragédia" até o que eu chamo de "decepção perpétua". Alguns de nós, como a mulher de imaginação mórbida na primeira história, fantasiam o pior que pode acontecer quando a alegria bate à porta, ao passo que outros nem sequer a enxergam, preferindo ficar em um estado inerte de decepção perpétua. Para estes, é mais fácil viver decepcionado do que se decepcionar. Sem dúvida é mais vulnerável mergulhar e sair da decepção do que montar acampamento nela. Nesse estado, sacrifica-se a alegria para evitar a dor.

Ambas as atitudes contam a mesma história: entregar-se aos momentos felizes da vida requer vulnerabilidade. Se você, assim como eu, já ficou vigiando o sono de seus filhos e pensou "Eu os amo tanto que dói", e no momento seguinte foi tomado por imagens de coisas terríveis acontecendo com eles, saiba que não é louco nem está sozinho. Cerca de 80% dos pais que entrevistei admitiram já terem passado por essa experiência. A mesma porcentagem é verdadeira para os milhares de pais com quem falei e trabalhei ao longo dos anos. Afinal de contas, por que fazemos isso?

Uma vez que fazemos a ligação entre vulnerabilidade e alegria, a resposta é bastante direta: estamos tentando vencer a vulnerabilidade à força. Não queremos ser surpreendidos pela dor. Como não queremos ser pegos de guarda baixa, ensaiamos as reações às piores possibilidades como defesa contra a decepção.

Para os que ensaiam a tragédia, saibam que há uma razão para essas imagens inundarem sua mente no segundo seguinte ao que estão exultantes de alegria. Quando passamos a vida (consciente ou inconscientemente) fugindo da vulnerabilidade, nós nos fechamos para a incerteza, o risco e a exposição emocional da alegria. Queremos muito sentir mais alegria, mas, ao mesmo tempo, não suportamos a vulnerabilidade.

E nossa cultura fortalece esse ensaio da desgraça: a maioria de nós possui um estoque de imagens terríveis que pode sacar no instante em que não conseguimos lidar com a vulnerabilidade. Quando faço palestras, costumo pedir às pessoas da plateia que levantem a mão se viram alguma cena violenta na semana anterior. Em geral, cerca de 20% do auditório levanta a mão. Então refaço a pergunta: "Levante a mão se você viu noticiários, filmes e séries policiais, ou documentários sobre crimes na última semana." Nesse momento, entre 80% e 90% da plateia levanta a mão. Ou seja: nós acumulamos um bom estoque das imagens mórbidas de que precisamos para alimentar o mecanismo da alegria como mau presságio. Elas estão gravadas em nosso sistema neurológico.

Somos pessoas visuais. Consumimos e armazenamos mentalmente o que vemos, e confiamos nessas imagens. Lembro-me de estar no carro com Steve e as crianças indo para a praia passar um feriadão. Meu filho Charlie repetia as piadinhas do tipo "O que é, o que é?" que aprendera no jardim de infância e todos estávamos muito felizes. Eu me percebi explodindo de alegria por estar ali com eles e, de repente, numa fração de segundo, quando a boa e velha vulnerabilidade me atingiu, lembrei-me de uma reportagem que mostrava um acidente horrível com uma família na estrada. Minha felicidade se transformou em pânico, e me lembro de ter falado sem pensar: "Diminua a velocidade, Steve." Ele olhou para mim com uma expressão confusa e respondeu: "Querida, nós estamos parados."

VIVER COM OUSADIA: PRATICAR A GRATIDÃO

Mesmo aqueles que aprenderam a se render à alegria e abraçar a experiência não estão imunes aos tremores incômodos da vulnerabilidade que muitas vezes acompanham os momentos felizes. Eles apenas sabem usá-los mais como um lembrete do que como um sinal de advertência. O que descobri na pesquisa foi que é a natureza dessa lembrança que faz toda a diferença: para quem abraça a experiência, o tremor da vulnerabilidade que acompanha a alegria é um convite para a prática da gratidão, para o reconhecimento de como somos gratos pela existência de uma pessoa querida, pela beleza da natureza, pelos vínculos ou simplesmente pelo momento que está diante de nós.

A gratidão, portanto, apareceu na coleta de dados como o antídoto para a alegria como mau presságio. Na verdade, todos os participantes que mencionaram a capacidade de estar receptivo à alegria falaram sobre a importância de praticar a gratidão. Esse padrão de associação foi tão predominante nas entrevistas que assumi um compromisso como pesquisadora de não falar sobre alegria sem falar de gratidão.

Não foi somente o vínculo entre alegria e gratidão que me pegou de surpresa. Também fiquei espantada com o fato de os participantes da pesquisa descreverem sistematicamente tanto a alegria quanto a gratidão como práticas espirituais ligadas a uma crença nas conexões humanas e em um poder maior do que nós. Suas histórias e seus relatos aprofundaram essa questão e apontaram para uma distinção clara entre felicidade e alegria. Os participantes falaram da felicidade como uma emoção que está condicionada às circunstâncias, mas descreveram a alegria como um caminho espiritual que passa pela prática da gratidão e conduz à conexão com o mundo.

A escassez e o medo levam à alegria como mau presságio. As pessoas têm medo de que a felicidade dure pouco, que não seja suficiente ou que a transição para a tristeza venha a ser muito difícil. Aprendemos que se entregar à alegria é, na melhor das hipóteses, se preparar para a decepção, e, na pior, um convite à tragédia. E lidamos com a questão da autovalorização. Será que merecemos nossa alegria, sendo pessoas tão incapazes e imperfeitas? Com tantas crianças famintas e tantas guerras no mundo, quem somos nós para sermos dignos de alegria?

Se o oposto da escassez é "o bastante", então, ao praticar a gratidão nós reconhecemos que há o bastante e que nós somos o bastante. Utilizo a palavra "praticar" porque os participantes da pesquisa mencionaram práticas de gratidão palpáveis, mais do que ter meramente uma atitude de gratidão ou se sentirem agradecidos. Eles deram exemplos específicos de práticas que incluíam desde manter diários de gratidão até realizar cultos de gratidão em família.

Na verdade, aprendi mais sobre práticas de gratidão e sobre o papel que a relação entre escassez e alegria exerce na vulnerabilidade com homens e mulheres que vivenciaram perdas muito profundas ou sobreviveram a grandes traumas. Isso incluiu pais que perderam filhos, pessoas cujos familiares ou amigos sofrem com doenças terminais e sobreviventes de genocídios e outros crimes. Muita gente me perguntava: "Você não fica deprimida conversando com as pessoas sobre vulnerabilidade e escutando os dramas e tragédias que elas contam?" Minha resposta: "*Não, nunca.*" Isso porque aprendi mais sobre autovalorização, força e alegria com essas pessoas que compartilharam suas dificuldades comigo do que com qualquer outra parte do meu trabalho.

E o maior presente que recebi foram estas três lições sobre alegria e luz, vindas de pessoas que passaram muito tempo na tristeza e na escuridão:

1. **A alegria nos visita em momentos comuns. Não corra o risco de deixar a alegria passar despercebida mantendo-se ocupado demais perseguindo o extraordinário.** A cultura da escassez pode nos manter temerosos de adotar estilos de vida simples e comuns, mas quando se conversa com pessoas que sobreviveram a

grandes perdas, fica claro que alegria não é uma emoção permanente. Todos os participantes que falaram de suas perdas e do que mais sentiam falta mencionaram momentos muito singelos. "Como eu queria entrar na sala de casa e ver meu marido reclamando sobre o que lia no jornal..." "Como eu gostaria de ouvir meu filho dando gargalhadas no quintal..." "Minha mãe costumava mandar mensagens de texto muito loucas – ela nunca soube como escrever no celular. Eu daria tudo para receber uma dessas mensagens agora."

2. **Seja grato pelo que tem.** Quando perguntei às pessoas que haviam sobrevivido a tragédias como é possível cultivar e mostrar mais compaixão por quem está sofrendo, a resposta era sempre a mesma: não considere o que você tem algo banal e corriqueiro – celebre-o! Não se desculpe por sua alegria. Seja grato por ela e compartilhe sua gratidão com os outros. Seus pais estão com saúde? Vibre com isso. Faça-os saber quanto eles significam para você. *Quando você valoriza o que tem, também está valorizando o que o outro perdeu.*
3. **Não desperdice alegria.** É inútil se preparar para a tragédia e para a perda. Quando transformamos as oportunidades de sentir alegria em uma preparação para o desastre, na verdade diminuímos a nossa capacidade de reagir bem. Sim, se entregar à alegria pode ser desconfortável. Pode dar medo. E com certeza é colocar-se numa posição vulnerável. *Mas sempre que nos permitimos nos entregar à alegria e ceder a esses momentos, nós fortalecemos nossa resistência e cultivamos esperança.* A alegria se torna parte de quem somos, e, quando coisas desagradáveis acontecem – e elas acontecem mesmo –, nós estamos mais fortes.

Precisei de dois anos para compreender e assimilar essa informação e para começar a desenvolver uma prática de gratidão. Minha filha, Ellen, por outro lado, parece entender intuitivamente a importância de reconhecer e abraçar a alegria. Quando ela estava no primeiro ano do ensino fundamental, roubei-a da sala de aula e passamos uma tarde no parque. Estávamos em um pedalinho, alimentando os patos com migalhas de pão, quando percebi que ela tinha parado de pedalar e estava sentada completamente imóvel. As mãos seguravam o saco de pão, a cabeça estava inclinada para trás e os olhos estavam fechados. O sol brilhava sobre sua pele e ela tinha um leve sorriso no rosto. Fiquei tão impressionada com a beleza e a vulnerabilidade de Ellen que mal conseguia respirar.

Assisti àquela cena durante um minuto inteiro, mas, como ela não se mexia, fiquei um pouco nervosa.

– Ellen? Está tudo bem com você, querida?

Ela deu um sorriso ainda maior e abriu os olhos. Então me fitou e disse:

– Estou bem, mamãe. Estava só tirando uma foto da memória.

Como nunca tinha ouvido falar nessa expressão, perguntei:

– O que é isso?

– Ah, é uma foto que faço em minha mente quando estou muito, mas muito feliz. Eu fecho os olhos e tiro uma foto para que, quando eu estiver triste, com medo ou sozinha, eu possa resgatar minhas fotos da memória e me sentir melhor.

Para mim, expressar gratidão não é tão harmonioso ou espontâneo quanto para minha filha. Ainda fico abalada com a vulnerabilidade em meio às experiências de alegria. Mas agora aprendi a literalmente dizer em voz alta: "Estou me sentindo vulnerável e sou muito grata por ______________."

Isso pode soar estranho no meio de uma conversa, mas é muito melhor do que minha reação de catastrofizar ou tentar controlar. Outro dia, Steve me disse que estava pensando em levar as crianças para a casa de campo de sua família na Pensilvânia enquanto eu estivesse fora a trabalho. Achei uma ótima ideia, até começar a velha ladainha: "Ah, meu Deus, não posso deixar eles viajarem de avião sem mim; e se acontecer alguma coisa?" Em vez de provocar uma discussão, fazer críticas ou qualquer coisa para azedar os planos de Steve sem revelar meus medos irracionais, eu apenas disse em voz alta: "Vulnerabilidade. Vulnerabilidade. Eu estou grata por... por... as crianças passarem um tempo só com você e curtirem a vida na fazenda."

Steve sorriu. Ele está bem ciente dos meus esforços e sabia o que eu queria dizer com aquela frase. Antes de pôr em prática minha pesquisa sobre reagir à alegria como mau presságio, eu nunca soube como superar esse mal-estar da vulnerabilidade. Eu não tinha a informação do que eu temia, de como realmente me sentia nem do que desejava de verdade: a alegria repleta de gratidão.

O ESCUDO DO PERFECCIONISMO

Uma das seções favoritas do meu blog é a série "Inspiration Interviews" (Entrevistas de inspiração). Nela, converso com pessoas que considero verdadeiramente inspiradoras – que se relacionam com o mundo de uma forma que me estimula a ser mais criativa e um pouco mais corajosa com meu trabalho. Sempre fiz aos entrevistados o mesmo conjunto de perguntas, e, depois que a pesquisa sobre as pessoas plenas foi concluída, comecei a indagar sobre vulnerabilidade e perfeccionismo.

Como uma perfeccionista em recuperação e uma aspirante ao time do "bom o bastante", estou sempre ansiosa para ler primeiro as respostas para esta pergunta: *O perfeccionismo é um problema para você? Em caso afirmativo, que estratégias você usa para administrá-lo*?

Levanto esta questão porque, em todas as minhas coletas de dados, nunca ouvi uma pessoa atribuir sua alegria, seu sucesso ou sua plenitude ao fato de ser perfeito. Na verdade, o que mais ouvi ao longo de todos esses anos é uma mensagem clara: "As coisas mais preciosas e importantes chegaram em minha vida quando tive coragem para ser vulnerável, imperfeito e tolerante comigo mesmo." O perfeccionismo não é o caminho que nos leva aos nossos talentos e ao sentido da vida; ele é um desvio perigoso.

Vou compartilhar aqui algumas de minhas respostas preferidas, mas primeiro quero falar um pouco sobre a definição de *perfeccionismo* que emergiu da pesquisa. Eis o que aprendi.

Assim como a vulnerabilidade, o perfeccionismo acumulou em torno de si muitos mitos. Creio que pode ser útil começar dando uma olhada no que o perfeccionismo *não é*:

- Perfeccionismo não é se esforçar para a excelência. Perfeccionismo não tem a ver com conquistas saudáveis e crescimento. Perfeccionismo é um movimento defensivo. É a crença de que, se fizermos as coisas com perfeição e parecermos perfeitos, poderemos minimizar ou evitar a dor da culpa, do julgamento e da vergonha. Perfeccionismo é um escudo de 20 toneladas que carregamos conosco, achando que ele nos protegerá, quando, de fato, é aquilo que realmente nos impede de sermos vistos.

- Perfeccionismo não é autoaperfeiçoamento. Perfeccionismo é, em essência, tentar obter aprovação. A maior parte dos perfeccionistas cresce sendo louvada por suas conquistas e seu bom desempenho (notas, boas maneiras, regras cumpridas, trato com as pessoas, aparência, esportes). Em algum ponto do caminho eles adotaram esse sistema de crença perigoso e debilitante: "Eu sou o que eu realizo e quão bem o realizo." O empenho saudável é focado em si mesmo: "Como posso melhorar?" Mas o perfeccionismo é focado nos outros: "O que eles vão pensar?"
- O perfeccionismo não é a chave do sucesso. Na verdade, a pesquisa mostra que o perfeccionismo dificulta a conquista, pois está relacionado com depressão, ansiedade, compulsão e também com a paralisia da vida e a perda de oportunidades. O medo de falhar, de cometer erros, de não corresponder às expectativas dos outros e de ser criticado mantém o perfeccionista fora da arena da vida, onde a competição e o esforço saudáveis se desenrolam.
- Por fim, o perfeccionismo não é uma maneira de evitar a vergonha. Ele é uma forma de vergonha. Quando lutamos contra o perfeccionismo, lutamos contra a vergonha.

Depois de usar os dados coletados para abrir caminho por meio dos mitos, formulei as seguintes definições de *perfeccionismo*:

- Perfeccionismo é um sistema de crença autodestrutivo e viciante que alimenta este pensamento primitivo: "Se eu parecer perfeito e fizer as coisas com perfeição, poderei evitar ou minimizar os sentimentos dolorosos de vergonha, julgamento e culpa."
- O perfeccionismo é autodestrutivo simplesmente porque a perfeição não existe. É uma meta inatingível. O perfeccionismo tem mais a ver

com percepção do que com uma motivação interna, e não há maneira de se dominar uma percepção, por mais tempo e energia que se gaste tentando.

- O perfeccionismo é viciante porque, quando experimentamos a vergonha, o julgamento e a culpa, acreditamos que o motivo para isso é não sermos perfeitos o bastante. Em vez de questionarmos a lógica defeituosa do perfeccionismo, nos tornamos mais apegados ao nosso propósito de aparentar perfeição e fazer as coisas de maneira perfeita.
- O perfeccionismo, na verdade, nos predispõe a sentir vergonha, julgamento e culpa, o que gera mais vergonha e condenação: "É minha culpa. Estou me sentindo assim porque não sou bom o bastante."

VIVER COM OUSADIA: APRECIAR A BELEZA DAS FALHAS

Para alguns, o perfeccionismo pode surgir apenas quando estão se sentindo particularmente vulneráveis. Para outros, o perfeccionismo é compulsivo, crônico e debilitante – ele parece um vício.

Independentemente de nos encaixarmos num ou noutro tipo, se quisermos estar livres do perfeccionismo, precisamos fazer a longa travessia do "O que as pessoas vão pensar?" para o "Eu sou o bastante". Essa jornada começa com resiliência à vergonha, amor-próprio e aceitação. Para assumir a verdade sobre quem somos, de onde viemos, em que acreditamos e sobre a natureza imperfeita de nossa vida, precisamos estar dispostos a pegar leve nas cobranças e apreciar a beleza de nossas falhas e imperfeições; precisamos ser mais amorosos e receptivos com nós mesmos e com os outros; e precisamos conversar conosco da mesma maneira com que conversamos com alguém que amamos.

A Dra. Kristin Neff, professora e pesquisadora da Universidade do Texas, na cidade de Austin, dirige o Laboratório de Pesquisa do Amor-Próprio, onde ela estuda como desenvolvemos e praticamos esse sentimento. De acordo com Kristin, o amor-próprio tem três elementos: generosidade consigo mesmo, humildade e consciência. Em seu livro *Self-Compassion: Stop Beating Yourself Up and Leave Insecurity Behind*

(Amor-próprio: pare de se maltratar e liberte-se da insegurança), a pesquisadora define cada um desses elementos:

- Generosidade consigo mesmo: Dedicar amor e compreensão a si mesmo quando você sofre, falha ou se sente inadequado, em vez de ignorar a própria dor ou se autoflagelar com críticas.
- Humildade: Esse sentimento reconhece que o sofrimento e as ideias de inadequação pessoal fazem parte da experiência humana em geral – algo por que todos passam, e não uma coisa que acontece somente a você.
- Consciência equilibrada: Abordar as emoções negativas com equilíbrio para que os sentimentos não sejam sufocados nem exagerados. Não podemos ignorar nossa dor e sentir compaixão por ela ao mesmo tempo. Para alcançarmos essa consciência equilibrada não devemos nos identificar demais com os pensamentos e os sentimentos, para não sermos capturados e arrebatados pela negatividade.

A definição de consciência equilibrada de Kristin Neff nos lembra que ser consciente significa também não se identificar demais com nossos sentimentos nem exagerá-los. Para mim, é fácil ficar empacada na tristeza, na vergonha ou na autocrítica quando cometo um erro. Mas o amor-próprio exige uma perspectiva vigilante e precisa quando sentimos vergonha ou dor.

Além da prática do amor-próprio, devemos lembrar também que a nossa dignidade, essa crença fundamental de que temos valor e somos o bastante, só aparece quando vivemos *dentro* de nossa história. Ou assumimos as nossas histórias (mesmo as mais confusas) ou ficamos fora delas – negando nossas vulnerabilidades e imperfeições, desprezando nossas partes que não se encaixam com quem ou com o que imaginamos que devemos ser e condicionando nosso valor à aprovação dos outros.

Voltando à seção de entrevistas de inspiração do meu blog, vamos examinar algumas das respostas. Nelas enxergo a beleza de ser real – de acolher as próprias falhas – e me inspiro para a prática do amor-próprio. Tenho certeza de que elas vão inspirá-lo também. A primeira história é de Gretchen Rubin, autora do livro *Projeto Felicidade*, que contém estudos e teorias sobre como ser mais feliz. O novo livro de Rubin, *Happier at Home* (Mais feliz no lar), analisa fatores relevantes da vida doméstica, como casamento, tempo, maternidade e paternidade. Eis como ela respondeu à pergunta sobre como lidar com o perfeccionismo:

> Costumo lembrar a mim mesma a célebre frase de Voltaire: "Não deixe o perfeito ser o inimigo do bom." A caminhada de 20 minutos que eu faço é melhor do que a corrida de 4 quilômetros que eu não faço. O livro imperfeito que é publicado é melhor do que o livro perfeito que nunca sai do computador. O jantarzinho com comida chinesa entregue em casa é melhor do que aquele jantar elegante que eu nunca consigo realizar.

Andrea Scher é fotógrafa, escritora e coach em Berkeley, na Califórnia. Por meio de cursos on-line em seu blog *Superhero Journal*, ela inspira as pessoas a viverem de forma autêntica, alegre e criativa. Aqui, ela conta sua história sobre perfeccionismo:

> Eu era uma ginasta muito competitiva quando criança, tinha sempre um bom aproveitamento escolar, ficava aterrorizada com a possibilidade de tirar qualquer nota menor do que 10 e passei por um distúrbio alimentar na adolescência. Ah, e fui a rainha do baile no último ano do ensino médio.
>
> É. Acho que tenho algumas questões com o perfeccionismo. Mas tenho trabalhado nisso.
>
> Quando criança, eu associava ser perfeita com ser amada, e acho que ainda confundo as duas coisas. Eu me vejo muitas vezes fazendo quase um contorcionismo para que as pessoas não vejam como sou incrivelmente falha e humana. Às vezes, tenho meu valor condicionado ao que faço e a como pareço boa fazendo essas coisas, mas de uma maneira geral estou aprendendo a relaxar. A maternidade me ensinou muito sobre isso. É uma experiência confusa que nos torna mais humildes, e estou aprendendo a mostrar minha bagunça.

Para controlar o perfeccionismo eu me permito baixar meu padrão de qualidade. Faço coisas rapidamente (ter dois filhos pequenos nos ensina a realizar a maioria das tarefas numa velocidade-relâmpago), e, se elas ficarem boas o bastante, recebem meu selo de aprovação.

Nicholas Wilton é o artista responsável pelas ilustrações da capa do meu livro anterior e do meu site. Além de suas mostras em galerias de arte e de ter seus quadros em coleções particulares, ele é o fundador do Método Artplane, um sistema básico de pintura e de princípios intuitivos que favorecem o processo de criação.

O que ele escreveu está totalmente afinado com a descoberta de minha pesquisa de que o perfeccionismo esmaga a criatividade – e é por isso que um dos meios mais eficientes de abandonar o perfeccionismo é começar a criar.

> Sempre achei que alguém, há muito tempo atrás, organizou o mundo em setores que fazem sentido – tipos de coisas que podem ser aperfeiçoadas, que se encaixam harmoniosamente em embalagens perfeitas. (...)
>
> Mas, depois que esse alguém acabou de organizar tudo de maneira tão perfeita, foi deixando um monte de coisas que não se encaixavam em lugar nenhum – coisas em uma caixa de sapato que tinham que ir para algum lugar.
>
> Então, desesperada, essa pessoa levantou seus braços e disse: "Todo o restante das coisas que não podem ser aperfeiçoadas e que parecem não caber em lugar algum terá que ser empilhado nesta última e grande caixa esfarrapada que nós vamos empurrar para trás do sofá. Talvez, mais tarde, possamos voltar e descobrir onde tudo isso poderia se encaixar. Vamos chamar essa grande caixa esfarrapada de ARTE."
>
> Felizmente, o problema nunca foi resolvido, e, com o tempo, a caixa transbordou com cada vez mais arte. Acho que esse dilema existe porque a arte é a categoria que mais lembra um ser humano. Esta é a nossa natureza: ser imperfeito. Ter sentimentos e emoções não classificáveis. Fazer coisas que necessariamente não precisam fazer sentido.

Uma vez que a palavra *arte* entra na descrição do que você faz, é quase como ter um salvo-conduto para a imperfeição.

Arte é tudo aquilo que é perfeitamente imperfeito.

Quando falo sobre vulnerabilidade e perfeccionismo, sempre me lembro destes versos da canção "Anthem", de Leonard Cohen: "*There's a crack, a crack in everything / That's how the light gets in*" (Em todas as coisas há uma fenda / É por aí que a luz entra).

O ESCUDO DO ENTORPECIMENTO

Uma das estratégias mais universais de entorpecimento é viver "loucamente atarefado". Nossa sociedade aceitou a ideia de que, se estivermos sempre muito ocupados, a verdade de nossas vidas não nos alcançará.

As estatísticas comprovam que há pouquíssimas pessoas que não são afetadas por um vício. Parece que todos nós, de alguma forma, anestesiamos nossos sentimentos. Podemos até não fazê-lo de maneira compulsiva e crônica, mas isso não significa que não entorpecemos nossa sensação de vulnerabilidade. E essa atitude é particularmente debilitante porque não apenas amortece a dor de nossas dificuldades, mas também embota nossas experiências de amor, alegria, aceitação, criatividade e empatia. Entorpeça a escuridão e você terá entorpecido a luz.

Precisamos refletir sobre tudo o que fazemos diariamente para nos anestesiar de alguma coisa: as doses de bebida alcoólica que tomamos enquanto preparamos o jantar ou durante as refeições, as nossas 60 horas de trabalho semanais, o consumo abusivo de açúcar, o longo tempo passado diante da TV, o excesso de remédios e as várias xícaras de café que tomamos para tirar o torpor do vinho e do analgésico.

Quando me concentrei nas respostas à pesquisa relativas a esse escudo, minha primeira pergunta foi: "O que estamos entorpecendo e por quê?" Os americanos estão mais endividados, obesos, dependentes de remédios e viciados do que nunca. Pela primeira vez na história, o Centro de Prevenção e Controle de Doenças (CDC) dos Estados Unidos anunciou que os acidentes automobilísticos se tornaram a segunda maior causa de morte acidental no país. O motivo principal? Overdose de drogas. Mas a verdade é que há mais casos de morte por overdose de drogas prescritas do que por overdose de cocaína, heroína e metanfetamina somados. Ainda mais alarmante é a estimativa de que menos de 5% dos que morrem de overdose de drogas prescritas conseguiram seus remédios de pessoas que identificamos como traficantes de rua. Os traficantes de hoje muitas vezes são pais, parentes, amigos e médicos.

Com certeza esse é um problema grave. As pessoas estão desesperadas para sentir menos ou mais – para descartar alguma sensação ou para intensificar uma outra.

Após passar alguns anos trabalhando de perto com pesquisadores e especialistas clínicos em vícios, eu achava que os causadores principais do entorpecimento fossem os nossos embates com a autovalorização e a vergonha: anestesiamos a dor que vem dos sentimentos de inadequação e de inferioridade. Mas essa era apenas uma parte do quebra-cabeça. Como explicarei adiante, a necessidade mais poderosa de entorpecimento parece vir da combinação de três elementos nefastos: vergonha, ansiedade e isolamento.

A ansiedade descrita pelos participantes da pesquisa pareceu ser alimentada pela incerteza, pelas exigências esmagadoras e competitivas de nossa época e pelo mal-estar social. O isolamento foi mais difícil de definir precisamente. Pensei em usar o termo *depressão* em vez de *isolamento*, mas os dados me mostravam outra coisa. Identifiquei uma gama de experiências que continham a depressão, mas incluíam também solidão, retraimento, desmotivação e sensação de vazio.

Mais uma vez, o que realmente foi impactante para mim, tanto pessoal quanto profissionalmente, foi ver o forte padrão da vergonha permeando as experiências de ansiedade e/ou isolamento. A vergonha entra em cena quando experimentamos a ansiedade não apenas porque nos sentimos temerosos, impotentes e incapazes de administrar as exigências cada vez maiores da vida, mas porque, no final das contas, a ansiedade é composta (e se torna insuportável) pela crença de que, se fôssemos mais inteligentes, mais fortes ou melhores, seríamos capazes de dar conta de tudo. O entorpecimento, aqui, se torna um meio de abrandar tanto a instabilidade quanto a inadequação.

Com o isolamento, a história é parecida. Podemos ter muitos amigos no Facebook, muitos colegas, amigos da vida real e vizinhos, porém, ainda assim, nos sentimos sozinhos e invisíveis. E como fomos programados para estabelecer vínculos, o isolamento sempre provoca sofrimento. Sentir-se isolado pode ser uma parte normal da vida e dos relacionamentos, mas, quando somado à vergonha de acreditar que estamos isolados porque não somos dignos de contato, o isolamento causa uma dor tão grande que a necessidade de anestesiá-la se torna incontrolável.

Um passo além do isolamento é o retraimento psicológico, que apresenta um perigo real. Jean Baker Miller e Irene Stiver, duas teóricas relacionais-culturais do Stone Center da Faculdade de Wellesley, no estado de Massachusetts, identificaram esse aspecto extremo. Elas escrevem: "Acreditamos que a experiência mais terrível e destrutiva que uma pessoa pode ter é o retraimento psicológico. Isso não é o mesmo que estar sozinho. É a sensação de estar afastado de qualquer possibilidade de contato humano e de ser impotente para mudar a situação. No seu ápice, o retraimento psicológico pode levar à falta de esperança e ao desespero. As pessoas farão quase tudo para escapar dessa mistura de isolamento patológico com impotência."

A parte dessa definição que é fundamental para se entender a vergonha é a frase "As pessoas farão quase tudo para escapar dessa mistura de isolamento patológico com impotência". A vergonha leva muitas vezes ao desespero. E as reações a essa necessidade imensa de escapar do retraimento e do medo podem variar do entorpecimento ao vício, à depressão, à autoflagelação, aos distúrbios alimentares, ao bullying, à violência e até ao suicídio.

Quando eu avaliava minha própria história de entorpecimento, entender como a vergonha potencializa a ansiedade e o isolamento me forneceu respostas para perguntas que alimentei durante anos. Não comecei a beber para afogar minhas mágoas: eu apenas precisava de algo com que ocupar as mãos. Estou convencida de que, se os smartphones já existissem quando eu estava saindo da adolescência, eu nunca teria começado a fumar e a beber. Eu bebia e fumava para abrandar minha sensação de vulnerabilidade e para parecer ocupada quando todas as garotas da mesa tinham sido chamadas para dançar.

Há 25 anos, eu sentia que minha única opção era encher a cara de cerveja, beber um drinque ou ter um cigarro nos dedos. Eu ficava sozinha na mesa, sem ninguém nem nada para me fazer companhia, a não ser meus vícios. Para mim, a vulnerabilidade conduzia à ansiedade, que conduzia à vergonha, que levava ao isolamento, que levava a mais uma latinha de cerveja. Para muitos de nós, o anestésico químico de emoções é apenas um efeito colateral prazeroso, embora perigoso, de comportamentos que têm a ver com se adequar, estabelecer um vínculo e lidar com a ansiedade.

Eu não cresci com as habilidades e os recursos emocionais necessários para lidar com o mal-estar. E não eram apenas as baladas, as cervejas geladas e os cigarros que fugiam do meu controle – eram o pão de banana, as batatas chips com queijo, os e-mails, o trabalho, a necessidade de me manter ocupada, as preocupações incessantes, o planejamento excessivo, o perfeccionismo e qualquer coisa que pudesse aliviar aquela agonizante sensação de vulnerabilidade alimentada pela ansiedade.

Hoje sei que existem algumas estratégias para combater o entorpecimento. Vamos examinar algumas delas.

VIVER COM OUSADIA: IMPOR LIMITES, ENCONTRAR BEM-ESTAR VERDADEIRO E CUIDAR DO ESPÍRITO

Quando entrevistei os participantes da minha pesquisa sobre entorpecimento, todas as pessoas plenas falaram insistentemente a respeito de três coisas:

1. Aprender como realmente vivenciar os sentimentos.
2. Ficar atento sobre os comportamentos entorpecentes.
3. Saber lidar com o desconforto das emoções difíceis.

Tudo isso fazia sentido para mim, mas eu queria saber exatamente como lidar com a ansiedade e o isolamento. Portanto, comecei a perguntar especificamente sobre essas questões. Como esperado, havia muito mais em jogo. Essas pessoas tinham elevado o nível de "ser o bastante". Meus entrevistados tinham aprendido a impor limites importantes em suas vidas.

Quando fiz perguntas mais pontuais sobre as escolhas e os comportamentos que homens e mulheres plenos priorizavam para reduzir a ansiedade, eles disseram que reduzi-la significava prestar atenção em quanto podiam fazer e em quanto era demais, e aprender a dizer "Chega!". Eles tinham muita clareza sobre o que era importante para eles e sobre quando deviam abrir mão de alguma coisa.

Todos nós lutamos contra a ansiedade. É claro que existem tipos diferentes e, com certeza, diferentes intensidades. A melhor maneira para lidar com a ansiedade estrutural é uma combinação de medicamentos e terapia. No entanto, o tipo ambiental aparece quando estamos superatarefados e superestressados. O interessante para mim foi enxergar como os participantes da pesquisa podiam ser divididos: o Grupo A definiu o desafio da ansiedade como *encontrar meios para administrá-la e acalmá-la*; ao passo que o Grupo B definiu o problema como *mudar os comportamentos que levam à ansiedade.*

Os participantes de ambos os grupos usaram a tecnologia dominante de hoje como exemplo de uma fonte de produção de ansiedade, por isso vamos examinar como eles pensaram de forma diferente a respeito do bombardeio de e-mails e mensagens de texto e de voz.

Grupo A: "Tomo uma xícara de café depois de pôr as crianças para dormir e assim posso ver meus e-mails entre as 22 horas e a meia-noite. Quando há muita coisa, acordo às quatro da manhã e retomo essa tarefa. Não gosto de ir para o trabalho com e-mails pendentes. Fico cansado, mas eles são todos respondidos."

Grupo B: "Simplesmente parei de mandar e-mails desnecessários e pedi aos meus amigos e colegas que fizessem o mesmo. Estou tentando acostumá-los a esperar que eu leve alguns dias para responder. Se é importante, me ligue; não mande e-mails ou torpedos. Melhor ainda: passe na minha sala."

Grupo A: "Aproveito os sinais fechados, as filas de supermercado e as viagens de elevador para fazer telefonemas. Até durmo com meu telefone por perto para o caso de alguém me ligar ou de eu me lembrar de alguma coisa no meio da noite. Uma vez, liguei para minha assistente às quatro da manhã porque lembrei que precisávamos acrescentar algo ao processo que estávamos preparando. Fiquei surpreso com a velocidade com que atendeu, mas ela lembrou que eu lhe pedira que mantivesse o telefone na mesa de cabeceira. Só vou descansar e desligar da tomada quando tivermos terminado tudo. Trabalhar muito e jogar duro – este é o meu lema. E jogar duro não é nada de mais quando você não dorme há bastante tempo."

Grupo B: "Meu patrão, meus amigos e minha família sabem que não atendo telefonemas antes das 9 horas e depois das 21. Se o telefone tocar antes ou depois desses horários, sei que é engano ou uma emergência – uma emergência de verdade, e não um problema do trabalho."

Os participantes que mais utilizavam o entorpecimento, os do Grupo A, deixaram claro que reduzir a ansiedade significava achar modos de entorpecê-la, e não mudar o pensamento, os comportamentos ou as emoções que produziam ansiedade. Essas pessoas queriam ajuda para conhecer uma maneira melhor de viver assim, e não sugestões sobre como deixar de viver dessa forma.

O Grupo B, dos participantes que tratavam a raiz da ansiedade buscando harmonizar suas vidas com seus valores e impor limites, era formado por pessoas plenas.

Quando perguntamos a esse grupo sobre o processo de estabelecer limites claros para reduzir a ansiedade, os participantes não hesitaram em relacionar autovalorização com limites. Precisamos acreditar que somos o bastante para poder dizer "Chega!". Para as mulheres, impor limites é mais difícil porque os *gremlins* da vergonha são rápidos: "Cuidado ao dizer 'não'! Você vai magoar essa pessoa. Não a decepcione. Seja uma boa menina. Faça todo mundo feliz." Para os homens, os *gremlins* sussurram: "Seja homem! Um homem de verdade poderia fazer isso e ainda mais. O filhinho de mamãe já está cansado?"

Sabemos que viver com ousadia significa abraçar a vulnerabilidade, o que não pode acontecer se a vergonha estiver no controle ou se o isolamento alimentado pela ansiedade estiver nos dominando. As duas formas mais poderosas de estabelecer um vínculo com alguém são o amor e a aceitação – ambas necessidades inegociáveis de homens, mulheres e crianças. Enquanto realizava as entrevistas, descobri que somente uma coisa separa os homens e as mulheres que experimentam um grande sentimento de amor e aceitação daquelas pessoas que parecem estar lutando por isso: a crença no próprio valor. Se quisermos vivenciar esse sentimento em sua plenitude, precisamos acreditar que somos merecedores dele. Antes, porém, de falarmos mais sobre entorpecimento e isolamento, quero compartilhar as definições de vínculo e aceitação que apareceram na coleta de dados.

Vínculo: É a energia criada entre pessoas quando elas se sentem vistas, ouvidas e valorizadas; quando elas podem dar e receber sem julgamento.

Aceitação: É o desejo humano inato de ser parte de alguma coisa maior do que nós. Pelo fato de esse anseio ser tão essencial, tentamos muitas vezes conquistá-lo fazendo esforço para nos encaixar em algum padrão e buscando a aprovação dos outros, os quais, além de serem substitutos fajutos da aceitação, geralmente funcionam como obstáculos para ela. Como a verdadeira aceitação só acontece quando apresentamos nosso eu autêntico e imperfeito para o mundo, o nosso senso de aceitação nunca pode ser maior do que nosso nível de autoaceitação.

Essas definições são cruciais para entender como nos isolamos e perdemos os vínculos mais essenciais e de que forma podemos mudar. Viver uma vida emocionalmente saudável tem a ver com impor limites, gastar menos tempo e energia se preocupando com pessoas sem importância e enxergar o valor de se trabalhar para ter um vínculo de maior qualidade com a família e os amigos mais próximos.

Antes de iniciar a pesquisa, eu queria saber: "Qual é a maneira mais rápida de fazer esses sentimentos ruins irem embora?" Hoje, muitos anos depois, minha pergunta passou a ser: "O que são esses sentimentos e de onde eles vêm?" Invariavelmente, as respostas me dizem que não estou me sentindo conectada com meu marido e meus filhos, consequência de não dormir o suficiente, de não brincar o suficiente, de trabalhar demais e de tentar fugir da vulnerabilidade. O que mudou foi que agora sei que tenho consciência dessas respostas e sou capaz de lidar com elas.

O CUIDADO E O ALIMENTO DE NOSSO ESPÍRITO

As pessoas perguntam com frequência: "Onde está a linha que separa o prazer e o bem-estar do entorpecimento?" Em resposta, Jennifer Louden, escritora e coach de crescimento pessoal, chamou os nossos artifícios de entorpecimento de "sombras de alívio". Quando estamos ansiosos, isolados psicologicamente, vulneráveis, solitários e nos sentindo impotentes, a bebida, a comida, o trabalho e as horas na internet parecem nos confortar, mas estão apenas lançando grandes sombras sobre nossa vida.

Jennifer escreve em seu livro *The Life Organizer* (O organizador de vida):

> As sombras de alívio podem tomar qualquer forma. Não são as suas ações, mas o motivo por trás delas que faz toda a diferença. Você pode comer um pedaço de chocolate aproveitando o momento de doce felicidade – uma gratificação verdadeira – ou pode devorar uma barra inteira de chocolate, sem sequer sentir o gosto, numa tentativa frenética de se acalmar – uma sombra de consolo. Pode conversar por meia hora com alguém pela internet e sair energizado para suas tarefas ou pode bater papo on-line com alguém só para não ter que conversar cara a cara com seu cônjuge sobre quão dolorosas foram as palavras na noite anterior.

O que apareceu na minha pesquisa foi exatamente o que Louden ressalta: "Não são as suas ações, mas o motivo por trás delas que faz toda a diferença." Isso nos convida a refletir sobre o que está por trás das escolhas e, se for útil, discutir essas questões em família, com os amigos mais próximos ou com um terapeuta. Não há cartilhas ou manuais que nos ajudem a identificar as sombras de alívio ou outros comportamentos destrutivos que buscam o entorpecimento. É necessário, na verdade, um exame de consciência e muita reflexão. Recomendo prestar muita atenção se as pessoas que você ama já mostram preocupação com o seu envolvimento em comportamentos desse tipo.

Em última análise, porém, essas são questões que transcendem o que conhecemos e a forma como sentimos, pois dizem respeito ao nosso espírito. *Minhas escolhas estão confortando e alimentando meu espírito ou são alívios temporários da vulnerabilidade e das emoções difíceis que acabam esgotando minhas energias? Minhas escolhas levam à plenitude ou fazem com que eu me sinta vazio e carente?*

Para mim, sentar-me com calma para apreciar uma refeição farta é revigorante e prazeroso. Porém, comer de pé, seja em frente à geladeira ou à porta da despensa, é sempre um sinal de alerta. Sentar-me no sofá para assistir a bons programas de televisão é delicioso, mas zapear durante uma hora é desanimador.

Quando pensamos sobre nutrir ou atrofiar o nosso espírito, precisamos considerar de que forma os comportamentos entorpecedores causam impacto nas pessoas à nossa volta – até mesmo os estranhos. Há alguns anos, escrevi um artigo sobre telefones celulares e isolamento para um jornal de Houston depois de testemunhar como nosso estilo de vida alimentado pela ansiedade afeta as pessoas. Falei sobre o modo frio como os clientes tratam manicures, garçons, recepcionistas, balconistas, etc., como se não fossem pessoas e não merecessem sequer serem olhadas nos olhos.

Uma vez, eu estava prestes a fazer o meu pedido ao drive-thru de uma lanchonete quando meu celular tocou. Achei que pudesse ser da escola de Charlie e atendi. Era alguém ligando para confirmar uma reunião de trabalho. Desliguei o telefone o mais depressa que pude. Enquanto eu dizia "Sim, irei à reunião", a atendente na janela e eu conseguimos nos comunicar. Eu me desculpei com ela assim que desliguei o telefone. Devo ter surpreendido a moça com aquela atitude, porque ela começou a chorar, dizendo em seguida: "Obrigada. Muito obrigada. A senhora não tem ideia de quanto isso é humilhante. As pessoas nem olham para nós." Sei bem como ela se sentiu. Passei um bom tempo trabalhando como garçonete para bancar meus estudos e vivi essa experiência de ser invisível.

Quando tratamos as pessoas como objetos, nós as desumanizamos. Após passar mais de uma década estudando aceitação, autenticidade e vergonha, posso afirmar que fomos projetados para criar vínculos – emocional, física e espiritualmente. Não estou insinuando que devemos ter um relacionamento profundo e significativo com o manobrista ou com a atendente da lanchonete, mas é preciso que paremos de desumanizar as pessoas e comecemos a olhá-las nos olhos quando falarmos com elas. Se não tivermos a força de vontade e o tempo para fazer isso, então é melhor ficar em casa.

Na pesquisa, a espiritualidade surgiu como um guia fundamental para as pessoas plenas. Não estou falando de religiosidade, mas da crença profundamente arraigada de que estamos inexoravelmente ligados uns aos outros por uma força maior do que nós mesmos – uma força que é amor e compaixão. Para alguns essa força é Deus, para outros é a natureza, a arte ou até a emotividade. Acredito que assumir o nosso valor é o ato de reconhecimento de que somos sagrados. Talvez acolher a vulnerabilidade e vencer o entorpecimento tenham a ver com cuidar e alimentar nosso espírito.

OS ESCUDOS MENOS USADOS

Alegria como mau presságio, perfeccionismo e entorpecimento apareceram na pesquisa como os três métodos de proteção mais comuns – ou as maiores táticas de defesa. Nesta última parte do capítulo, quero explorar brevemente os escudos menos usados do arsenal, algumas outras máscaras e armaduras que formam importantes subcategorias de escudos. A maioria de nós vai se identificar, provavelmente, com um ou mais desses mecanismos de proteção.

O ESCUDO VIKING OU VÍTIMA

Reconheci esta peça da armadura quando um grupo significativo de participantes da pesquisa sinalizou que não via utilidade no conceito de vulnerabilidade. Suas respostas para a ideia de que a vulnerabilidade podia ter algum valor foram indiferentes, desdenhosas e até hostis. O que apareceu nessas entrevistas e interações foi uma lente sobre o mundo que via as pessoas divididas basicamente em dois grupos, que chamo de vikings ou vítimas.

Diferentemente de alguns participantes que tinham uma opinião intelectual ou teórica sobre o tema da vulnerabilidade, esses entrevistados compartilhavam a crença de que todo mundo, sem exceção, pertence a um dos dois grupos mutuamente exclusivos: ou se é uma vítima da vida – um tolo que está sempre sendo passado para trás e não consegue se impor –, ou se é um viking – alguém que enxerga a vitimização como uma ameaça constante e, portanto, se mantém no controle, domina, exerce poder sobre as coisas e nunca demonstra vulnerabilidade.

Enquanto eu organizava os dados dessas entrevistas, pensei no capítulo da minha dissertação sobre o filósofo francês Jacques Derrida e a oposição binária (termos relacionados que têm significados opostos). Ainda que os participantes não tenham usado os mesmos exemplos, um padrão consistente de pares de opostos emergiu da linguagem que empregaram para descrever suas visões de mundo: vencedor ou perdedor, sobreviver ou morrer, matar ou ser morto, fortes ou fracos, líderes ou seguidores, sucesso ou fracasso, esmagar ou ser esmagado.

A origem dessa visão de mundo segundo a oposição binária viking ou vítima não estava completamente clara, mas a maioria a atribuía aos valores que lhes foram ensinados na infância, à experiência de sobreviver a tribulações ou à sua formação profissional. Boa parte dos participantes que sustentaram essa visão no grupo era composta de homens, mas também havia algumas mulheres. Faz sentido que isso seja, de certo modo, uma questão de gênero, pois muitos homens – até mesmo aqueles que não recorriam a essa armadura – mencionaram terem sido ensinados e moldados na infância e na adolescência pela dinâmica de que o mundo é dos vencedores. Sem esquecer que conseguir vencer e dominar as mulheres fazia parte da lista dos princípios masculinos discutidos no Capítulo 3.

Além dos fatores socialização e experiências de vida, muitos participantes desse grupo tinham empregos ou trabalhavam em contextos culturais que reforçavam a mentalidade viking ou vítima: nós ouvimos isso de seguranças, veteranos de guerra, agentes penitenciários, policiais e pessoas que trabalham em ambientes supercompetitivos e de alta performance, como o jurídico, o tecnológico e o financeiro. Não foi possível concluir se esses profissionais procuraram carreiras que alavancaram seu sistema de crença de viking ou vítima ou se foram suas experiências com o trabalho que forjaram essa abordagem da vida sobre a polarização entre vencer ou perder.

Um aspecto que fez dessas entrevistas umas das mais difíceis foi a honestidade com que as pessoas falaram das dificuldades em suas vidas pessoais – lidando com comportamentos de alto risco, divórcios, isolamento, solidão, vícios, raiva e esgotamento. Mas, em vez de verem esses comportamentos (e suas consequências negativas) como resultado de sua visão de mundo viking ou vítima, elas os percebiam como prova da natureza cruel da própria vida.

Quando examino as estatísticas nas profissões viking ou vítima mais intolerantes à vulnerabilidade, identifico o desenvolvimento de um padrão perigoso. E em nenhum lugar isso é mais evidente que no ambiente militar. As estatísticas sobre o estresse pós-traumático relacionado a suicídios, violência, vícios e comportamento de alto risco apontam para esta assombrosa verdade: *Para os soldados servindo no Afeganistão e no Iraque, voltar para casa é mais letal do que estar em combate.* Desde a invasão do Afeganistão em 2001 até meados de 2009, as Forças Armadas dos Estados Unidos perderam 761 soldados em combates naquele país. Compare isso aos 817 que se suicidaram no mesmo período. (E esses números não levam em conta as mortes associadas à violência, ao comportamento de alto risco e às drogas.)

Craig Bryan, psicólogo da Universidade do Texas especialista em suicídio, que há pouco tempo deu baixa na Força Aérea, revelou à revista *Time* que os militares se encontram presos a uma lógica contraditória: "Treinamos nossos combatentes para usar a violência e a agressão controladamente, para suprimir reações emocionais fortes diante da adversidade, para suportar dor física e emocional e para vencer o medo dos ferimentos e da morte. Mas esses atributos estão também associados a um elevado risco de suicídio."

Bryan explicou que os militares não podem reduzir a intensidade desse condicionamento "sem afetar negativamente a capacidade de combate de nossas Forças Armadas". E alertou para o perigo inerente de enxergar o mundo por meio das lentes do par viking ou vítima: "Os soldados em serviço são mais capazes de matar a si mesmos como mera consequência de seu treinamento profissional." A situação pode chegar ao seu extremo nas Forças Armadas; porém, se olharmos para as estatísticas de saúde física e mental dos policiais, iremos encontrar algo semelhante.

O mesmo acontece nas empresas - quando se lidera, se ensina ou se prega a partir de uma concepção de viking ou vítima, de vencedores ou perdedores, aniquila-se a fé, a inovação, a criatividade e a receptividade à mudança. Retire as armas e você encontrará resultados similares aos dos soldados e policiais no universo civil. Os advogados - um exemplo de profissionais amplamente treinados na dinâmica do ganhar ou perder, do ser bem-sucedido ou fracassar - têm resultados que não são muito melhores. A Ordem dos Advogados americana revela que a taxa de suicídios entre advogados é quatro vezes maior que a da população em geral. Um artigo na revista dessa instituição informou que estudiosos de depressão e abuso de substâncias entre advogados atribuíram o alto índice de suicídio na categoria ao perfeccionismo e à necessidade de serem agressivos e desapegados emocionalmente.

E essa mentalidade pode se refletir em nossas vidas domésticas também. Quando ensinamos aos nossos filhos que transparência e vulnerabilidade são emoções perigosas e que devem ser postas de lado, estamos lhes encaminhando para o perigo do isolamento emocional.

A armadura viking ou vítima não somente perpetua comportamentos de dominação, controle e poder naqueles que se enxergam como vikings, mas pode estimular um sentimento progressivo de vitimização naqueles que acreditam que estão sendo alvos de ataque ou tratados de forma injusta. Com essas lentes só há dois posicionamentos possíveis: exercer poder sobre algo ou alguém ou se sentir impotente. Nas entrevistas ouvi muitos participantes parecerem resignados a serem vítimas simplesmente porque não quiseram se tornar a única alternativa na opinião deles: vikings. Reduzir nossas opções de vida a papéis tão limitados e extremos deixa muito pouca esperança para transformação e mudança significativa.

VIVER COM OUSADIA: REDEFINIR O SUCESSO, RESTITUIR A VULNERABILIDADE E BUSCAR APOIO

Ao examinar como os participantes da pesquisa abandonaram a visão viking ou vítima e passaram a abraçar a vulnerabilidade, notou-se uma diferenciação clara entre os que agiam dessa maneira porque foi o que aprenderam e os que se renderam a ela como consequência de um trauma. Definitivamente, a pergunta que melhor confronta a lógica por trás da visão viking ou vítima para ambos os grupos é esta: como você define o sucesso?

Acontece que nesse paradigma de vencer ou perder, os vikings não são vitoriosos por nenhum critério que a maioria de nós classificaria como "sucesso". Sobreviver ou vencer podem ser sinônimos de sucesso no meio da competição, do combate ou do trauma, mas quando a urgência dessa ameaça é removida, simplesmente sobreviver não é viver. Como mencionei anteriormente, amor e aceitação são necessidades inegociáveis de homens, mulheres e crianças, e constituem sentimentos impossíveis de serem experimentados sem vulnerabilidade.

Viver sem vínculo – sem amor e aceitação – não é vitória. O medo e a escassez abastecem o paradigma viking ou vítima, e boa parte da tarefa de restituir a vulnerabilidade passa por examinar os gatilhos da vergonha: o que está abastecendo o medo do ganhar ou perder? Todos os homens e mulheres que abandonaram esse paradigma e se tornaram pessoas plenas falaram sobre o cultivo da confiança e do vínculo nos relacionamentos como um pré-requisito para se tentar uma maneira menos belicosa de envolvimento com o mundo.

Um grande exemplo de como o vínculo pode curar e transformar é o trabalho feito pela Team Red, White and Blue, uma equipe de acolhimento dos veteranos de guerra. De acordo com seu estatuto, os membros acreditam que a maneira mais eficaz de impactar a vida de um ex-combatente é por meio de um relacionamento significativo com alguém em sua comunidade. O programa da organização aproxima ex-combatentes lesionados e voluntários locais. Juntos, eles almoçam, vão às consultas médicas dos veteranos, a eventos esportivos e participam de outras atividades sociais. Essa interação permite que os veteranos de guerra façam parte da comunidade, conheçam redes de apoio e encontrem novos interesses na vida.

Meu interesse por esse trabalho não surgiu apenas com minha pesquisa, mas tem a ver com uma experiência extraordinária que vivi trabalhando com um grupo de veteranos e familiares de militares em um projeto sobre a resiliência à vergonha como parte de minhas aulas na Universidade de Houston. Esse trabalho me fez descobrir quanto podemos fazer pelos que voltam do campo de batalha e por que nossas opiniões e crenças sobre a guerra não devem nos impedir de estender a mão para eles com vulnerabilidade, compaixão e apoio.

TRAUMA E VIVER COM OUSADIA

Todos tentamos entender por que algumas pessoas que sobreviveram a traumas – em combate, por violência doméstica, por abuso físico ou sexual, ou traumas ocultos mas igualmente destrutivos, como a opressão, a negligência, o abandono ou o excesso de medo ou de estresse – mostraram grande capacidade de recuperação e de vivenciarem vidas plenas, ao passo que outras tiveram suas trajetórias definidas por aquele evento. Estas podem vir a cometer a mesma violência que sofreram, passar a vida lutando contra um vício ou ser incapazes de escapar do sentimento de que são vítimas em situações em que claramente não o são.

Depois de pesquisar a vergonha por seis anos, eu sabia que parte da resposta estava na resiliência à vergonha – as pessoas com a maior capacidade de luta desenvolveram intencionalmente os quatro elementos que discutimos nos capítulos anteriores. A outra parte da resposta pareceu pouco clara para mim até eu começar minhas novas entrevistas sobre vulnerabilidade e plenitude. Se somos obrigados a enxergar tudo por meio das lentes do modelo viking ou vítima como mecanismo de sobrevivência, pode parecer impossível, ou mesmo fatal, escapar dessa visão de mundo.

Como esperar que alguém desista de um modo de ver e entender o mundo que lhe tem mantido vivo física, cognitiva ou emocionalmente? Ninguém é capaz de abrir mão de suas estratégias de sobrevivência sem ajuda consistente e sem o desenvolvimento de estratégias substitutas. Abandonar o escudo viking ou vítima exige o auxílio de um profissional – alguém que entenda o trauma. Os grupos de apoio também costumam ser muito úteis.

Os participantes da pesquisa que sobreviveram a traumas e que abraçaram a proposta da vida plena falaram apaixonadamente sobre a necessidade de:

- admitir o problema;
- buscar ajuda profissional;
- superar os obstáculos da vergonha e do segredo que acompanham o trauma;
- e abordar a recuperação da vulnerabilidade como uma prática diária, não como um item a ser riscado da lista de tarefas.

E se a importância da espiritualidade perpassou todas as entrevistas com as pessoas plenas, ela figurou como algo especialmente importante para os participantes que se consideravam não apenas sobreviventes do trauma, mas também "um sucesso".

OS ESCUDOS DA SUPEREXPOSIÇÃO

Vejo duas maneiras de superexposição em nossa sociedade. A primeira é o que chamo de *holofote*, e a outra é o *invadir e roubar.*

Como vimos no capítulo sobre os mitos da vulnerabilidade, superexposição não é vulnerabilidade. Na verdade, o que ela provoca é isolamento, artificialidade e desconfiança.

O ESCUDO HOLOFOTE

Para entender o holofote, precisamos saber que as intenções por trás desse tipo de exposição são múltiplas e incluem, muitas vezes, aliviar a própria dor, testar a lealdade e a tolerância em um relacionamento e/ou forçar a intimidade em um novo contato.

Infelizmente, o resultado do uso desse escudo é quase sempre o oposto do que pretendíamos: as pessoas se assustam e se retraem, aumentando nossa vergonha e nosso isolamento. Não é possível usar a vulnerabilidade para descarregar seu próprio mal-estar, como uma medida da tolerância em um relacionamento ("Eu lhe revelo isto e você não vai embora") ou para acelerar uma relação. Simplesmente não ajuda em nada.

Em geral, quando nos aproximamos de alguém e nos abrimos – revelando nossos medos, esperanças, dificuldades e alegrias –, nós criamos pequenas possibilidades de vínculo. Nossa vulnerabilidade compartilhada joga luz sobre lugares normalmente escuros. Minha metáfora para isso são as luzes pisca-pisca.

Há alguma coisa mágica na ideia da luz pisca-pisca brilhando no escuro e em lugares inusitados. Elas são pequenas, e uma única lâmpada praticamente não faz efeito, mas um conjunto inteiro de luzinhas é bonito de se ver. É o contato harmonioso que as torna bonitas. Quando se trata de vulnerabilidade, contato harmonioso significa dividir nossas histórias com pessoas que conquistaram *o direito de ouvi-las* – pessoas com quem cultivamos relacionamentos, que podem suportar o peso de nossa história. Há confiança genuína? Há empatia mútua? Há compartilhamento recíproco? Podemos pedir o que precisamos? Essas são questões cruciais sobre vínculos.

Quando expomos nossa vulnerabilidade a pessoas com quem não temos um vínculo genuíno, principalmente os segredos que nos causam vergonha, a reação emocional delas (e, por vezes, física) é muitas vezes recuar, se contrair, como se nós lançássemos um holofote em seus olhos. Em vez de um filamento de luzinhas delicadas, nossa maneira de compartilhar a vulnerabilidade é ofuscante, invasiva e insuportável. Se estivermos do outro lado, recebendo isso, às vezes nos sentimos desgastados, confusos e, por vezes, manipulados. Não é exatamente a resposta empática que a pessoa que está contando a história esperava. Até para os que, como eu, estudam a empatia e ensinam como colocá-la em prática, é raro sermos capazes de permanecer sintonizados quando a superexposição de alguém violenta e ultrapassa o nível de interatividade conquistado pela relação.

VIVER COM OUSADIA: DEIXAR AS INTENÇÕES CLARAS, IMPOR LIMITES E CULTIVAR VÍNCULOS

Grande parte da beleza da luz se deve à existência das trevas. Os momentos mais fortes de nossas vidas acontecem quando amarramos as pequenas luzinhas criadas pela coragem, pela compaixão e pelo vínculo, e as vemos brilhar na escuridão de nossas batalhas. A escuridão se perde quando empregamos a vulnerabilidade para lançar um holofote sobre nosso ouvinte e temos como resposta a perda de vínculo. Então usamos essa perda como constatação de que nunca encontraremos apoio, de que não somos merecedores, de que o relacionamento é ruim ou, no caso da superexposição para forçar um contato, que nunca teremos a intimidade que desejamos. O que não percebemos é que *usar* a vulnerabilidade não é a mesma coisa que *ser* vulnerável; é o oposto – é uma armadura.

Às vezes nem sequer temos consciência de que estamos nos superexpondo como estratégia de defesa. Podemos despejar nossa vulnerabilidade ou nossas histórias de vergonha no desespero para sermos ouvidos. Deixamos escapar um segredo que está causando imensa dor simplesmente porque não conseguimos segurá-lo por mais um segundo. A intenção pode até não ser fazer isso para nos proteger ou para repelir as pessoas, mas o resultado de nosso comportamento vai ser esse. Quer estejamos do lado de quem desabafa ou do lado de quem escuta, o amor-próprio é fundamental. Precisamos dar um tempo quando revelamos muita coisa rapidamente e praticar a autocompaixão quando percebemos que não somos capazes de abrir espaço para alguém que nos ofusca com holofotes. O julgamento pode exacerbar o isolamento.

Quando esse assunto surge, as pessoas me perguntam como decido o que e como compartilhar em meu trabalho. Afinal de contas, revelo muito de mim mesma em minha carreira, e com certeza não desenvolvi relacionamentos de confiança com todos vocês e com as pessoas das plateias a que me dirijo. Tenho meus próprios limites sobre o que compartilho ou não, e sou cuidadosa com minhas intenções.

Primeiro, só conto histórias ou experiências que já tenham sido trabalhadas e resolvidas. Não compartilho histórias "íntimas" nem com feridas ainda não cicatrizadas.

Em segundo lugar, sigo a regra que aprendi no serviço social. Compartilhar algo pessoal para ensinar ou fazer um processo avançar pode ser saudável e eficaz, mas revelar informações como um modo de trabalhar seus problemas pessoais é inapropriado e antiético. Por fim, só me abro quando não estou tentando preencher carências. Acredito piamente que ficar vulnerável diante de um público mais amplo só é uma boa ideia se a informação compartilhada estiver ligada à cura, e não às expectativas quanto às reações dos ouvintes.

Quando perguntei sobre isso àqueles que compartilham suas histórias por meio de blogs, livros e palestras, descobri que eles pensavam de maneira muito parecida em suas abordagens e intenções. Não quero que o medo dos holofotes impeça ninguém de falar de suas dificuldades, mas tomar cuidado com o *que* se conta, *por que* se conta e *como* se conta é fundamental quando o contexto é de um público mais amplo. Todos somos muito gratos pelas pessoas que escrevem e falam de seus problemas, fazendo com que nos lembremos que não estamos sozinhas.

Se você se reconhecer neste escudo, pergunte-se a si mesmo quando estiver querendo compartilhar histórias pessoais:

Por que estou contando isto?
Que resultado espero?
Que emoções estou experimentando?
Minhas intenções estão alinhadas com meus valores?
Há algum resultado, reação ou falta de resposta que irá ferir meus sentimentos?
Essa minha exposição está a serviço da criação de um vínculo?
Estou pedindo às pessoas em minha vida aquilo de que genuinamente preciso?

O ESCUDO INVADIR E ROUBAR

Se o holofote tem a ver com usar mal a vulnerabilidade, a segunda maneira de superexposição tem a ver com a prática de usar a vulnerabilidade como ferramenta de manipulação. Uma atitude de "invadir e roubar" é desorganizada, não planejada e desesperada. O "invadir e roubar" empregado como armadura tem a ver com invadir as fronteiras sociais das pessoas com informações íntimas e então roubar toda a atenção e energia possíveis. Vemos isso com mais frequência na cultura das celebridades, em que impera o sensacionalismo.

Infelizmente, professores e inspetores escolares me disseram que veem esse comportamento com muita frequência até mesmo em alunos do ensino fundamental. Diferentemente do holofote, que pelo menos procede de uma tentativa repleta de carência de confirmar nosso valor, essa suposta revelação de vulnerabilidade contida no "invadir e roubar" parece menos verdadeira. Em minhas investigações com pessoas que desenvolvem esse comportamento, pude constatar que a motivação que está por trás dele é o desejo de atenção. É claro que as questões de valorização estão por trás do desejo de atenção, mas em nosso mundo de mídias sociais é cada vez mais difícil identificar o que é uma tentativa verdadeira de contato e o que é puro exibicionismo. De um jeito ou de outro, não se trata de vulnerabilidade.

VIVER COM OUSADIA: QUESTIONANDO AS INTENÇÕES

Toda essa autoexposição de que falamos tem um perfil unidirecional, e, para aqueles que se envolvem nela, uma plateia parece ser mais desejável do que um contato íntimo. Se estivermos envolvidos em um esquema "invadir e roubar", acho que as perguntas a serem feitas são as mesmas da parte sobre o holofote. Também considero importante indagar: "Que necessidade está por trás desse comportamento?" e "Estou tentando atingir, machucar ou me relacionar com alguém especificamente, e é este o jeito certo de fazê-lo?".

O ESCUDO ZIGUEZAGUEAR

Ziguezaguear é a metáfora perfeita para a maneira como gastamos uma energia enorme tentando driblar a vulnerabilidade quando custaria muito menos esforço encará-la. A imagem também transmite quanto é inútil pensar em ziguezaguear diante de uma coisa tão extensa e exaustiva quanto a vulnerabilidade.

Ziguezaguear nesse contexto significa tentar controlar uma situação dando as costas para ela, fingindo que não está acontecendo, ou até mesmo fingindo que você não se importa. Costumamos nos desviar do conflito, do desconforto, da possível confrontação, do potencial de passar vergonha ou ser magoado e da crítica (seja a autocrítica ou a que os outros nos dirigem). Ziguezaguear pode levar um indivíduo a se esconder, fingir, evitar, procrastinar, culpar e mentir.

Tenho uma tendência a querer ziguezaguear quando me sinto vulnerável. Se preciso fazer uma ligação difícil, tento examinar antes todos os ângulos possíveis, começo a rascunhar um e-mail achando que nessa situação escrever é melhor, ou então me convenço de que devo esperar – ou penso em mil outras coisas para fazer. Fico indo e voltando até me sentir exausta.

VIVER COM OUSADIA: ESTAR PRESENTE, PRESTAR ATENÇÃO E SEGUIR EM FRENTE

Ziguezaguear é cansativo, e correr de um lado para outro para evitar alguma coisa não é uma boa maneira de viver. Enquanto tentava descobrir ocasiões em que ziguezaguear pudesse ser útil, pensei no conselho de um senhor que recebi quando era criança. Um dia meus pais levaram meu irmão e eu para pescar nos rios que atravessam alguns pântanos no estado da Louisiana. O homem que nos deu acesso à propriedade disse: "Se um crocodilo aparecer, saiam correndo em ziguezague. Os bichos são rápidos, mas não são bons de curvas."

Segundo especialistas do zoológico de San Diego, podemos facilmente correr mais rápido que um crocodilo, fazendo ou não ziguezague. Eles alcançam uma velocidade máxima de 16 ou 17 quilômetros por hora e não conseguem correr durante muito tempo. Os crocodilos dependem de ataques-surpresa, sem que precisem caçar sua presa. De certa maneira, eles se parecem com os *gremlins* que moram nos pântanos da vergonha e nos impedem de sermos autênticos e vulneráveis. Portanto, não precisamos ziguezaguear; temos apenas que estar presentes, atentos e seguir em frente.

O ESCUDO DESCONFIANÇA, CRÍTICA, FRIEZA E CRUELDADE

Se a sua decisão for entrar na arena e viver com ousadia, prepare-se para dar a cara a tapa. Não importa se a sua grande ousadia for um artigo para o jornal da escola, uma promoção no emprego ou vender uma peça de cerâmica que você fez: estará na mira de alguma desconfiança ou de alguma crítica. Pode até encontrar pela frente algum autêntico espírito de porco. Isso porque a desconfiança, a crítica, a crueldade e a frieza são ainda melhores do que uma armadura – elas podem ser transformadas em armas que não apenas mantêm a vulnerabilidade à distância mas também podem ferir as pessoas que estão vulneráveis e colocá-las em situação difícil.

Se somos o tipo de pessoa que acha que "vulnerabilidade não é comigo", nada pode nos fazer sentir mais ameaçados e mais incitados a atacar e envergonhar os outros do que ver alguém vivendo com ousadia. A ousadia produz um espelho incômodo que reflete nossos próprios medos de aparecer, criar e deixar que nos vejam.

Quando me refiro à crítica, não estou falando do feedback oportuno e do debate construtivo, nem da discordância a respeito do valor ou da importância de alguma manifestação. Estou falando das depreciações gratuitas, dos ataques pessoais e das reclamações infundadas a respeito de nossas motivações e intenções.

Quando me refiro à desconfiança, não estou falando do questionamento ou do ceticismo saudáveis. Estou falando da depreciação agressiva que leva a considerações irracionais do tipo "Que coisa idiota!" ou "Este é um projeto fadado ao fracasso!". A frieza é uma das formas mais extremas de depreciação. *Tanto faz. Nada a ver. Quem se importa?* Para algumas pessoas, é quase como se o entusiasmo e a energia criadora tivessem se tornado um sinal de ingenuidade.

Na introdução a este capítulo falei da adolescência como o ponto de partida para a corrida para o arsenal. A desconfiança e a frieza são comuns no ambiente das escolas. Todos os alunos no colégio da minha filha usam casaco com capuz todos os dias (mesmo se estiver fazendo 35 graus do lado de fora). O capuz não apenas funciona como escudo contra a vulnerabilidade por ser um acessório descolado, mas estou certa de que a garotada o enxerga como um manto de invisibilidade. Os jovens literalmente desaparecem dentro do casaco. É uma maneira de se esconderem. Com a cabeça sob o capuz e as mãos no bolso, eles se isolam de qualquer envolvimento. *Frios demais para se importarem.*

Na vida adulta, também podemos nos proteger da vulnerabilidade por meio da frieza. Não queremos que nos achem espalhafatosos, muito crédulos, preocupados ou ansiosos. Não vestimos mais capuzes com a mesma frequência que os mais novos, mas podemos usar títulos, formação, origem e posição social como alças do escudo desconfiança, crítica, frieza e crueldade: *Posso falar com você dessa maneira ou ignorá-lo por ser quem eu sou e por fazer o que faço.* E nesse escudo as alças podem ser consideradas manifestações de não conformismo e rejeição aos modelos convencionais de status: *Eu o desprezo porque você se vendeu e passa o dia trabalhando num cubículo* ou *Eu sou mais importante e interessante porque recusei as armadilhas de uma educação refinada e do emprego formal*, etc.

VIVER COM OUSADIA: ANDAR NA CORDA BAMBA, PRATICAR A RESILIÊNCIA À VERGONHA E AVALIAR A REALIDADE

Ao longo de um ano entrevistei artistas, escritores, gestores empresariais, religiosos e líderes comunitários sobre esses temas, questionando como eles aprenderam a aceitar a crítica construtiva (ainda que fosse difícil de ouvir), filtrando os ataques mal-intencionados. Basicamente, eu queria saber como eles mantêm a coragem para continuar firmes na arena da vida.

Quando paramos de nos importar com o que as pessoas pensam, perdemos a capacidade de criar vínculos. Quando somos moldados pelo que as pessoas pensam, perdemos a vontade de ser vulneráveis. Se ignoramos toda crítica, perdemos um importante feedback, mas se nos sujeitamos à hostilidade dos outros, nosso ânimo será esmagado. É como a travessia do equilibrista sobre a corda bamba: a resiliência à vergonha é a vara de equilíbrio e a rede de segurança são as poucas pessoas em nossas vidas que nos ajudam a verificar a validade da crítica e da desconfiança.

Sou muito visual, por isso mantenho em minha escrivaninha a foto de uma pessoa se equilibrando na corda bamba, para me lembrar de que meu esforço para permanecer receptiva e, ao mesmo tempo, manter os limites em seu lugar compensa a energia investida e o risco.

Os participantes da pesquisa que usaram a crítica e a desconfiança no passado como um modo de se protegerem da vulnerabilidade falaram com sabedoria sobre sua transição para a vida plena. Muitos contaram que seus pais moldaram seus comportamentos na infância e na adolescência e que não tinham consciência de quanto os imitavam até que começaram a investigar o próprio medo de ficar vulnerável, tentar coisas novas e se envolver. Essas pessoas não eram ególatras que têm prazer em insultar os outros; na verdade, elas eram mais exigentes consigo mesmas do que com as outras pessoas. Portanto, sua depreciação não era somente dirigida para fora, ainda que admitissem usá-la com alguma frequência como forma de diminuir os próprios complexos.

Nas entrevistas, os homens e as mulheres que se definiram como críticos sofriam por se sentirem desprezados e invisíveis. Criticar era uma maneira de ser ouvido. E quando perguntei a essas pessoas como elas passaram da crítica maldosa para a crítica construtiva, e da desconfiança para a contribuição, elas falaram de um processo muito semelhante à resiliência à vergonha: entender o que motivava seus ataques, o que representava seu senso de valor próprio, conversar sobre isso com as pessoas em quem confiavam e pedir aquilo de que precisavam. Muitos tiveram que mergulhar fundo na questão da frieza. De que maneira parecer uma pessoa fria se tornou um valor desejado e qual foi o custo de fingir que as coisas não importam?

O medo de ser vulnerável pode desencadear crueldade, crítica e desconfiança em todos nós. Assumir a responsabilidade pelo que dizemos é o modo de verificar nossas intenções.

Além de andar na corda bamba, praticar a resiliência à vergonha e formar uma comunidade segura que me apoie quando eu me sentir atacada ou magoada, adotei duas estratégias adicionais. A primeira é simples: só aceito e levo em consideração comentários de pessoas que também estejam na arena. Se você não está ajudando, não está contribuindo nem está lutando contra seus próprios *gremlins*, não estou nem um pouco interessada em ouvi-lo.

A segunda estratégia é simples. Carrego uma pequena folha de papel em minha carteira com os nomes das pessoas cujas opiniões sobre mim importam. Para estar nessa lista é preciso que você me ame por minhas forças e minhas dificuldades, e seja o que chamo de "amigo-estria": uma relação que foi expandida e estendida de tal forma que se tornou parte de quem nós somos, como uma segunda pele, e com cicatrizes para comprovar isso. Em geral, temos bem poucas pessoas que se credenciem para essa lista. O importante, porém, é não descartar os amigos-estria para ganhar a aprovação de estranhos que estão sendo maldosos.

5

DIMINUINDO A LACUNA DE VALORES: TRABALHANDO AS MUDANÇAS E FECHANDO A FRONTEIRA DA FALTA DE MOTIVAÇÃO

Diminuir a lacuna de valores é uma estratégia de ousadia. Devemos prestar atenção no espaço que separa o lugar onde estamos do lugar onde queremos estar. E mais importante: precisamos praticar as virtudes que consideramos importantes em nossa visão de mundo. Diminuir a lacuna exige tanto acolher nossa vulnerabilidade quanto perseverar no enfrentamento da vergonha – seremos cobrados a dar respostas como líderes, pais e educadores, de maneiras novas e incômodas. Não precisamos ser perfeitos, mas temos que estar atentos e comprometidos para alinhar nossos valores com nossas atitudes.

ESTRATÉGIA VERSUS CULTURA

No mundo das empresas há um debate em curso sobre a relação entre estratégia e cultura, e sobre a importância de cada uma. Enxergo *estratégia* como "o plano de ação", ou a resposta detalhada à pergunta "O que queremos conquistar e como vamos chegar lá?". Todos nós – famílias, grupos religiosos, equipes de projeto, professores – temos um plano de ação. E todos refletimos sobre as metas que queremos alcançar e os passos que precisamos dar para sermos bem-sucedidos.

A *cultura*, por outro lado, em vez de revelar o que queremos conquistar, diz muito sobre quem nós somos. Dentre as muitas definições complexas de cultura no contexto tratado aqui, aquela que mais coaduna com minha visão é a mais simples. Como pioneiros do desenvolvimento organizacional, Terrence Deal e Allan Kennedy afirmaram: "Cultura é a maneira como fazemos as coisas por aqui." Gosto dessa definição porque me parece adequada para as discussões sobre todas as culturas – desde a grande cultura da escassez sobre a qual escrevi no Capítulo 1, até uma cultura organizacional específica, passando por uma cultura que define a minha família.

As respostas às perguntas a seguir dizem muito sobre a cultura e os valores de um grupo, família ou empresa:

1. Quais comportamentos são recompensados aqui? E quais são punidos?
2. Onde e como as pessoas estão gastando seus recursos (dinheiro, tempo, atenção)?
3. Que regras e expectativas são seguidas, impostas e ignoradas?
4. As pessoas se sentem seguras e apoiadas ao conversarem sobre como se sentem e ao falar sobre as coisas de que precisam?
5. Quais são os tabus? Quem costuma defini-los?
6. Que histórias são lendas e que valores elas disseminam?
7. O que acontece quando alguém falha, decepciona ou comete um erro?
8. Como a vulnerabilidade (a incerteza, o risco e a exposição emocional) é percebida?
9. Em que medida a vergonha e a culpa são predominantes e como elas aparecem?
10. Qual é a tolerância coletiva para a inovação? O desconforto de aprender, tentar coisas novas e dar e receber feedback é normal ou há uma grande valorização do status quo?

Como alguém que estuda a cultura como um todo, acredito que a força dessas questões está em sua capacidade de lançar luz sobre as áreas mais escuras de nossa vida: isolamento, desânimo e luta por valorização. As questões não apenas nos ajudam a compreender a cultura, mas trazem à tona as discrepâncias entre "o que falamos " e "o que fazemos" – ou entre as virtudes que defendemos e as que praticamos.

Meu amigo Charles Kiley usa o termo "virtudes desejadas" para descrever a lista enganosa de virtudes e valores em que se baseiam nossas melhores intenções, na parede de nosso escritório, em nossos sermões como pais e em nossa visão de empresa. Se quisermos isolar o problema e desenvolver estratégias de transformação, temos que confrontar nossas virtudes desejadas com as praticadas – ou seja, como nós realmente vivemos, sentimos, agimos e pensamos. Estamos vivendo de acordo com o que pregamos? Responder a essa pergunta pode ser muito desconfortável.

A FRONTEIRA DA FALTA DE MOTIVAÇÃO

A falta de motivação é um tema subjacente à maioria dos problemas que vejo em famílias, escolas, comunidades e organizações, e ele assume muitas formas, incluindo algumas que discutimos no Capítulo 4. Nós nos desligamos, deixamos de nos envolver com as coisas, para nos proteger da vulnerabilidade, da vergonha e da sensação de nos acharmos perdidos e sem objetivos. Também fazemos isso quando percebemos que as pessoas que nos lideram – o chefe, os professores, o diretor, o clérigo, os pais, os políticos, etc. – não estão cumprindo o contrato social estabelecido.

A política é um grande exemplo de descumprimento do contrato social. Políticos de todos os partidos fazem leis que eles não são obrigados a cumprir, ou que não os afetam, e adotam comportamentos que levariam quase todos nós à demissão, ao divórcio ou à prisão. Eles representam valores que raramente aparecem em seu comportamento. E assisti-los culpar e envergonhar uns aos outros é constrangedor para nós. Eles não estão cumprindo a sua parte no contrato social, e as estatísticas sobre o comparecimento dos eleitores às urnas e votos brancos ou nulos mostram que estamos bastante desanimados com essa situação.

Temos outro exemplo disso nas comunidades religiosas. Primeiro, a falta de motivação nessa área é geralmente consequência de os líderes não estarem vivendo de acordo com as virtudes que pregam. Segundo, em um mundo cheio de incertezas, ficamos ansiosos por algo absoluto. É a reação humana para o medo. Quando os líderes religiosos utilizam nosso medo e a necessidade de mais certeza retirando a vulnerabilidade da espiritualidade e transformando a fé numa cartilha de "regras e consequências", em vez de nos ensinarem a enfrentar o desconhecido e abraçar o mistério, todo o conceito de fé perde o sentido. Fé menos vulnerabilidade é igual a política, ou ainda pior, a fanatismo. O verdadeiro comprometimento espiritual não é construído sobre a submissão, mas é produto do amor, da aceitação e da vulnerabilidade.

Portanto, impõe-se a questão: *Se não criamos intencionalmente, nas famílias, nas escolas, nas comunidades e nas empresas, culturas que alimentam a falta de motivação e o isolamento, como isso acontece? Onde está a lacuna entre as duas coisas?*

A lacuna começa aqui: **Não podemos dar às pessoas o que não temos. Quem somos importa infinitamente mais do que o que sabemos ou queremos ser.**

A distância entre as virtudes praticadas (o que, de verdade, nós fazemos, pensamos e sentimos) e as desejadas (o que desejamos fazer, pensar e sentir) é a lacuna de valores, ou o que chamo de "fronteira da falta de motivação". É onde se perdem empregos, clientes, alunos, mestres, congregações e até mesmo filhos. Podemos dar passos largos, saltar sobre as grandes lacunas de valores que enfrentamos em casa, no trabalho e na escola – mas, em algum ponto da jornada, quando essas fronteiras chegam a um grau intolerável, nós ficamos perdidos. Essa é a razão por que as sociedades desumanizadas produzem os mais altos níveis de desmotivação – elas criam lacunas de valores com os quais seres humanos reais não conseguem lidar.

Vamos dar uma olhada em alguns temas comuns que surgem no contexto das famílias. Em cada um dos casos há uma lacuna significativa entre as virtudes praticadas e as desejadas, formando-se essa perigosa fronteira da falta de motivação.

1. Virtudes desejadas: honestidade e integridade
   Virtudes praticadas: arrumar desculpas e "deixar rolar"
   A mãe está sempre dizendo aos seus filhos que honestidade e integridade são importantes e que colar na escola não é um comportamento tolerado. Um dia, quando eles entram no carro depois de uma compra demorada no supermercado, a mãe descobre que a moça do caixa não registrou as latas de refrigerante que estavam no fundo do carrinho. Em vez de voltar ao mercado, ela dá de ombros e diz: "O erro não foi meu. Eles estão tendo lucro de qualquer maneira."

2. Virtudes desejadas: respeito e responsabilidade
   Virtudes praticadas: é melhor fazer da maneira mais rápida e fácil
   O pai está sempre falando em casa sobre a importância do respeito e da responsabilidade, mas, quando Bobby quebra de propósito o novo brinquedo de Sammy, está ocupado demais com seu BlackBerry para se sentar com os dois irmãos e ensinar a eles como cuidar das coisas do outro. Em vez de mandar Bobby pedir desculpas e fazer as pazes com o irmão, ele dá de ombros e pensa: *Garotos são assim mesmo*, e manda os dois irem para o quarto.

3. Virtudes desejadas: gratidão e respeito
   Virtudes praticadas: zombaria, desvalorização e desrespeito
   A mãe e o pai se sentem desvalorizados e estão cansados das demonstrações de falta de respeito dos filhos. Mas o casal grita um com o outro e se trata com xingamentos. Ninguém na casa diz "por favor" ou "obrigado", incluindo os pais. A mãe e o pai praticam a humilhação entre si e com os filhos, e provocam todos os membros da família a ponto de fazê-los chorar. O problema é que os pais estão querendo incutir padrões de comportamento, sentimentos e pensamentos que seus filhos nunca tiveram como modelo.

4. Virtude desejada: impor limites
Virtudes praticadas: rebeldia e frieza
Julia tem 17 anos e seu irmão mais novo, Austin, 14. Os pais deles adotam uma política de tolerância zero para cigarro, bebidas alcoólicas e drogas. Infelizmente, isso não está funcionando. Os dois filhos já foram pegos fumando, e Julia foi suspensa do colégio porque a professora encontrou vodca em sua garrafa de água. Julia olha para os pais com raiva e diz: "Vocês são uns hipócritas! E aquelas festinhas regadas a álcool que vocês frequentavam na época do colégio? E quando mamãe foi presa? Vocês acharam graça quando nos contaram isso! Até fotografias nos mostraram!"

Agora, vamos dar uma olhada no poder das virtudes alinhadas:

1. Virtudes desejadas e praticadas: vínculo emocional e sentimentos respeitosos
A mãe e o pai tentaram incutir na família uma ética de preocupação com os sentimentos. Certa noite, Hunter chega visivelmente preocupado de seu treino de basquete. O segundo ano da faculdade tem sido difícil e o técnico de basquete está no seu pé. Ele joga a mochila no chão da cozinha e corre para o andar de cima da casa. A mãe e o pai estão na cozinha cuidando do jantar, mas reparam na atitude de Hunter. O pai desliga o fogão, a mãe comunica ao filho mais novo que eles estão indo conversar com Hunter e pede a ele que lhes dê esse tempo a sós. O casal sobe e se senta na beira da cama do filho. "Sua mãe e eu sabemos que as últimas semanas têm sido bem difíceis", diz o pai. "Não sabemos como você se sente, mas desejamos saber. Esse período também foi difícil nas nossas vidas e queremos estar ao seu lado nisso."
Este foi um grande exemplo de como diminuir a lacuna de valores e fortalecer o vínculo. Na entrevista, o pai me contou que isso fez todos eles se sentirem muito vulneráveis e que chegaram até a chorar. Ele disse que compartilhar as próprias dificuldades da juventude com o filho realmente melhorou o relacionamento entre eles.

Quero enfatizar que esses exemplos não são ficção; eles foram citados em minha pesquisa. Sei que não podemos ser modelos perfeitos o tempo todo, mas quando nossas virtudes praticadas estão frequentemente em conflito com as expectativas da cultura que nos cerca, o descomprometimento é inevitável. Se a mãe está exausta depois de uma compra no mercado e vai embora sem pagar uma vez, pode até não ser um grande problema. Porém, se o "Eu vou embora assim mesmo porque o erro não foi meu" se tornar uma regra, ela vai precisar flexibilizar suas expectativas em relação às transgressões dos filhos. Se ela liga o carro e vai embora sem pagar, mas logo depois se senta com os filhos e diz com sinceridade: "Eu devia ter voltado e pagado pelo refrigerante, mesmo que o erro não tenha sido meu. Mais tarde vou voltar lá" – isso é incrivelmente forte. A lição aqui é: "É permitido ser imperfeito e cometer erros nessa casa, mas eu quero viver de acordo com meus valores. Precisamos agir corretamente sempre que pudermos."

O exemplo sobre a vodca no lugar da água é emblemático de um conflito comum entre pais e filhos. Ouço os pais dizerem o tempo todo: "Eu era terrível e fiz coisas que não quero que meus filhos façam. Devo mentir sobre meu passado?" Como uma pessoa que também já aprontou das suas, não acho que a questão seja mentir ou não. É mais uma questão de o *que* e *como* contamos.

Primeiro, nem tudo o que nós fazemos ou fizemos é da conta de nossos filhos. Da mesma forma que, quando eles virarem adultos, nem tudo que eles fizerem será da nossa conta. Portanto, devemos examinar a motivação para contar determinada história e deixar que o que estamos tentando ensinar aos filhos governe essa decisão.

Segundo, ter uma conversa sincera com os filhos sobre drogas e bebida alcoólica e falar das experiências que tivemos com isso pode ser útil. Mas classificar o que vivemos como algo muito descolado, ressaltando a importância de ser rebelde, pode estar em desacordo com os valores que desejamos que nossos filhos adotem.

Como demonstram esses exemplos de virtudes desejadas versus virtudes praticadas, se quisermos nos reconectar e retomar o vínculo com o outro, precisamos diminuir a lacuna de valores.

Diminuir a lacuna de valores é uma estratégia de ousadia. Devemos prestar atenção no espaço que separa o lugar onde estamos do lugar onde queremos estar. E mais importante: precisamos praticar as virtudes que consideramos importantes em nossa visão de mundo. Diminuir a lacuna exige tanto acolher nossa vulnerabilidade quanto perseverar no enfrentamento da vergonha – seremos cobrados a dar respostas como líderes, pais e educadores, de maneiras novas e incômodas.

Não precisamos ser perfeitos, mas temos que estar atentos e comprometidos para alinhar nossos valores com nossas atitudes. E devemos estar preparados: os *gremlins* vão agir com força máxima, pois eles gostam de atacar exatamente quando se está a um passo de pisar na arena, ficar vulnerável e assumir alguns riscos.

Nos próximos dois capítulos, vou utilizar os conceitos que introduzi aqui sobre como se arriscar corretamente e dizer o que é preciso fazer para promover o comprometimento e transformar a maneira como agimos no papel de pais, educadores e líderes. As três perguntas a seguir irão guiar estes capítulos:

1. Como a cultura da escassez influencia as escolas, as empresas e as famílias?
2. Como reconhecemos e combatemos a vergonha no trabalho, na escola e em casa?
3. Como podemos diminuir a lacuna de valores e viver com ousadia nas escolas, nas empresas e nas famílias?

6

COMPROMISSO PERTURBADOR: OUSADIA PARA REUMANIZAR A EDUCAÇÃO E O TRABALHO

Para recuperar a criatividade, a inovação e o aprendizado, os líderes precisam reumanizar a educação e o trabalho. Isso significa entender como o padrão de escassez está afetando a maneira como lideramos e trabalhamos, aprender a abraçar a vulnerabilidade, reconhecendo e enfrentando a vergonha. Não se engane: conversas honestas sobre vulnerabilidade e vergonha são perturbadoras. O motivo pelo qual não costumamos ter essas conversas nas empresas é que elas lançam luz em cantos obscuros. Sempre que há consciência e entendimento, voltar atrás é quase impossível e traz consigo graves consequências. Todos queremos viver com ousadia. Se tivermos um vislumbre dessa possibilidade, nos agarraremos a ela com todas as forças. Não é algo que pode ser retirado de nós.

Antes de iniciarmos este capítulo, quero esclarecer o que entendo por "líder". Líder é alguém que assume a responsabilidade de descobrir o potencial de pessoas e situações. O termo nada tem a ver com posição, status ou quantidade de subordinados. Escrevi este capítulo para todos nós – pais, mestres, voluntários e chefes –, para todos aqueles que estiverem dispostos a viver com ousadia e liderar.

O DESAFIO DA LIDERANÇA NA SOCIEDADE DA ESCASSEZ

Em 2010 tive a oportunidade de passar um fim de semana prolongado com 50 CEOs do Vale do Silício, na Califórnia. Um dos palestrantes desse retiro era Kevin Surace, na época presidente da Serious Materials (hoje, Serious Energy) e eleito o Empreendedor do Ano de 2009 pela revista *Inc.* Eu sabia que Kevin iria discursar sobre inovação perturbadora, portanto, na minha conversa com ele, antes de nós dois falarmos para o grupo e antes que ele conhecesse meu trabalho, eu lhe perguntei:

– Qual é a maior barreira para a criatividade e a inovação?

Kevin pensou por um instante e disse:

– Não sei se isso tem um nome, mas, sinceramente, é o medo de lançar uma ideia e ser ridicularizado e menosprezado. Se estivermos dispostos a passar por essa experiência e sobrevivermos a ela, depois virão o medo do fracasso e o medo de estarmos errados. As pessoas acham que só são boas se suas ideias forem boas, que suas ideias não podem parecer "estranhas" demais e que elas não podem deixar de saber algo. O problema é que as ideias inovadoras geralmente parecem loucas, e o fracasso e o aprendizado fazem parte da revolução. Mudança gradual e evolução são importantes e precisamos delas, mas estamos ávidos por uma revolução verdadeira, e isso exige um tipo diferente de coragem e criatividade.

Antes dessa conversa eu nunca havia perguntado especificamente sobre inovação aos líderes que entrevistei, mas tudo o que Kevin disse estava em sintonia com minha pesquisa sobre trabalho e educação.

– É verdade mesmo – falei para Kevin. – A maioria das pessoas e empresas não consegue suportar a incerteza e os riscos da verdadeira inovação. Aprender e criar são atitudes que, por natureza, nos colocam em posição vulnerável. Nunca há certeza suficiente. As pessoas querem garantias.

– Exatamente. Tem algo relacionado ao medo que impede as pessoas de irem em frente. Elas se concentram no que já sabem fazer bem e não correm mais riscos. – Houve uma breve pausa em nossa conversa, até que ele me fitou e disse: – Vejo que você é pesquisadora. O que faz exatamente?

Dei risada.

– Estudo esse *algo relacionado ao medo*. Sou uma pesquisadora da vergonha e da vulnerabilidade.

Quando voltei para o quarto de hotel, peguei meu caderno e escrevi notas sobre a conversa com Kevin. Ao pensar sobre aquele *algo relacionado ao medo*, me lembrei de outra anotação que havia feito no mesmo caderno. Voltei algumas folhas e encontrei o que tinha escrito depois de conversar com um grupo de alunos do segundo ciclo do ensino fundamental sobre suas experiências em sala de aula. Quando pedi a eles que me dissessem qual era a chave para o aprendizado, uma menina deu a seguinte resposta enquanto seus colegas assentiam com a cabeça:

"*Às vezes, dá para fazer perguntas ou desafiar ideias durante a aula, mas se a gente pega um professor que não gosta disso, ou se alguns colegas ridicularizam quem age assim, é terrível. Acho que a maioria de nós acaba aceitando que o melhor é manter a cabeça baixa, a boca calada e as notas altas.*"

Quando reli esse trecho no caderno e pensei na conversa com Kevin, fiquei pasma. Como professora, senti tristeza – não se pode aprender de cabeça baixa e boca fechada. Como mãe de uma aluna do ensino fundamental e de um menino do jardim de infância, eu me enfureci. Como pesquisadora, comecei a ver como são frequentes as semelhanças entre as lutas de nosso sistema educacional e os desafios que enfrentamos no local de trabalho.

Primeiro vislumbrei isso como duas discussões diferentes – uma para educadores e outra para líderes. Porém, quando revisitei os registros da pesquisa, concluí que professores e diretores de escola são líderes. E que executivos, gerentes e supervisores são professores. Nenhuma empresa ou escola pode ter sucesso sem criatividade, inovação e aprendizado permanente, e a maior ameaça a esses três elementos é a falta de motivação.

Pelo que aprendi com a pesquisa e pelo que observei nos anos em que trabalhei com líderes de escolas e de empresas de todos os tipos e tamanhos, acredito que devamos reexaminar completamente a questão da motivação. Para recuperar a criatividade, a inovação e o aprendizado, os líderes precisam se comprometer a reumanizar a educação e o trabalho. Isso significa entender como o padrão de escassez está afetando a maneira como lideramos e trabalhamos, aprender a abraçar a vulnerabilidade, reconhecendo e enfrentando a vergonha. Isto é o que chamo de **compromisso perturbador**.

No livro *Libertando o poder criativo*, Ken Robinson é bastante incisivo ao falar sobre a necessidade dessa mudança, que venha a substituir o conceito ultrapassado de que as instituições humanas devem funcionar como máquinas. Ele escreve:

> Por mais sedutor que o exemplo da máquina possa ser para a produção industrial, organizações humanas não são máquinas e as pessoas não são peças de uma engrenagem. Seres humanos têm valores, sentimentos, percepções, opiniões, motivações e histórias de vida, ao passo que engrenagens e rodas dentadas não os têm. Uma empresa não é a instalação física dentro da qual opera; é a rede de pessoas que nela atua.

Não se engane: a reumanização do trabalho e da educação exige uma liderança corajosa. Conversas honestas sobre vulnerabilidade e vergonha são perturbadoras. O motivo pelo qual não costumamos ter essas conversas nas empresas é que elas lançam luz em cantos obscuros. Sempre que há consciência e entendimento, voltar atrás é quase impossível e traz consigo graves consequências. Todos queremos viver com ousadia. Se tivermos um vislumbre dessa possibilidade, nos agarraremos a ela com todas as forças. Não é algo que pode ser retirado de nós.

RECONHECENDO E COMBATENDO A VERGONHA

Vergonha produz medo. Ela diminui nossa tolerância à vulnerabilidade e com isso atrofia a motivação, a inovação, a criatividade, a produtividade e a confiança. E, pior ainda, se não soubermos o que estamos procurando, a vergonha pode destruir uma empresa ou organização antes mesmo de enxergarmos o sinal exterior de algum problema. Ela atua como os cupins em uma casa de madeira. Fica escondida no escuro, atrás das paredes, devorando gradativamente a nossa infraestrutura, até que um dia os degraus da escada desabam de repente. Então, descobrimos que é só uma questão de tempo até que as paredes também desmoronem.

Da mesma maneira que apenas uma caminhada pela casa não será capaz de revelar a presença de cupins, um giro pelos escritórios ou pelas salas de aula não detectará um problema de vergonha. Ou pelo menos espera-se que ele não seja tão aparente assim. Se for – se virmos um gerente repreendendo um funcionário em voz alta ou um professor humilhando um aluno –, o problema já é grave demais e provavelmente já acontece há muito tempo. Na maioria dos casos, porém, precisamos saber o que estamos procurando quando avaliamos uma instituição em busca de sinais de que a vergonha possa estar presente.

SINAIS DE QUE A VERGONHA IMPREGNOU A CULTURA

Culpa, fofocas, favoritismo, apelidos pejorativos e assédio são comportamentos indicadores de que a vergonha impregnou a cultura de um lugar. Um sinal ainda mais claro é quando a vergonha se torna uma ferramenta explícita de gerenciamento. Há alguma evidência de pessoas em posição de liderança praticando bullying, criticando alguém em voz alta na frente dos colegas, repreendendo em público ou implantando sistemas de recompensa para intencionalmente diminuir, envergonhar ou humilhar os subordinados?

Nunca estive em uma escola ou empresa que não utilizasse a vergonha. Não estou afirmando que instituições assim não existam, mas tenho minhas dúvidas. De fato, depois que explico como a vergonha funciona, um ou outro professor me aborda e revela que a utiliza como ferramenta regularmente. A maioria quer saber como mudar essa prática, mas uns poucos dizem com orgulho: "A vergonha funciona!"

Uma razão para minha certeza de que a ferramenta da vergonha vigora nas escolas é saber que 85% dos homens e mulheres que entrevistei na pesquisa puderam se lembrar de algum episódio de vergonha nos tempos de escola que tenha mudado sua maneira de se enxergarem como alunos. O que torna isso ainda mais espantoso é que quase metade dessas recordações eram o que chamo de "cicatrizes de criatividade". Os participantes da pesquisa podiam apontar algum episódio específico em que escutaram que eles não eram bons escritores, artistas, músicos, dançarinos ou alguma outra coisa ligada à sua produção criativa. Ainda vejo isso acontecendo nas escolas o tempo todo. A arte é avaliada segundo padrões rigorosos, e é dito às crianças, desde o jardim de infância, que elas não têm dons criativos. Isso nos ajuda a entender por que os *gremlins* são tão bem-sucedidos quando se trata de criatividade e inovação.

As empresas têm suas próprias dificuldades. O Workplace Bullying Institute (WBI), instituto americano que monitora o bullying no local de trabalho, define essa prática como "maus-tratos repetidos: sabotagem que impede que um trabalho seja executado, abuso verbal, conduta ameaçadora, intimidação e humilhação". Uma enquete feita em 2010 pela Zogby International, a pedido da WBI, concluiu que cerca de 54 milhões de trabalhadores americanos (37% da força de trabalho do país) já sofreram bullying no trabalho. Além disso, outro relatório da WBI revelou que em 52,5% das vezes os trabalhadores afetados disseram que os chefes nada fizeram para interromper o bullying.

Quando vemos a vergonha sendo usada como ferramenta de gerenciamento e controle (novamente, isso significa bullying, críticas na frente dos colegas, repreensões públicas ou um sistema de recompensa que intencionalmente humilha as pessoas), é preciso tomar providências claras porque pode estar havendo uma infestação de cupins na empresa ou instituição. E devemos lembrar que isso não acontece da noite para o dia. É necessário também ter em mente que, se os funcionários forem obrigados a conviver constantemente com a vergonha, é certo que estarão repassando essa cultura para clientes, colaboradores, alunos e famílias.

Portanto, se isso está acontecendo e pode estar circunscrito a uma unidade, a uma equipe de trabalho ou a pessoas específicas, é um problema que deve ser tratado imediatamente *e sem o uso da vergonha como ferramenta.* Aprendemos a sentir vergonha com nossa família, e muita gente cresce acreditando que ela é um método eficiente e eficaz de governar as pessoas, conduzir uma turma e criar filhos. Por essa razão, constranger alguém que utiliza a ferramenta da vergonha não é útil. Mas não fazer nada é igualmente perigoso, não apenas para as pessoas que estão sendo vítimas da cultura da vergonha, como também para a instituição como um todo.

Há muitos anos, um homem se aproximou de mim após um evento e disse: "Me entreviste, por favor! Sou consultor financeiro e você não vai acreditar no que acontece em minha empresa." Quando encontrei Don para entrevistá-lo, ele me contou que onde trabalhava os funcionários escolhiam a sua sala de trabalho a cada trimestre com base nos resultados financeiros: a pessoa com o melhor desempenho no período era a primeira a escolher e quem estava ocupando a sala cobiçada tinha que arrumar as gavetas e cair fora.

Ele balançou a cabeça e sua voz ficou um pouco rouca quando disse: "Como obtive os melhores resultados nos últimos seis trimestres, seria possível pensar que eu gosto desse método. Mas não gosto. Na verdade, odeio isso. O ambiente fica horrível." Ele me contou então que, depois dos resultados do trimestre anterior, seu chefe entrou em sua sala, fechou a porta e lhe informou que precisaria remanejar as salas.

"A princípio, pensei que meus índices haviam caído. Mas ele logo me disse que não importava se eu tinha os melhores resultados nem se eu gostava da minha sala; o objetivo era aterrorizar os outros membros da equipe. Ele disse: 'Rebaixá-los em público constrói o caráter. É motivador.'"

Antes do final de nossa conversa, Don me revelou que estava procurando emprego. "Sou bom no que faço e até gosto do meu emprego, mas não fui contratado para aterrorizar pessoas. Eu não sabia por que estava tão infeliz, mas depois de ouvir sua palestra eu descobri. É por causa da vergonha. Está pior do que nos tempos do colégio. Agora vou achar um lugar melhor para trabalhar, e pode ter certeza de que meus clientes vão querer me seguir."

No livro *Eu achava que isso só acontecia comigo*, conto a história de

Silvia, uma produtora de eventos na faixa dos 30 anos que deu início à nossa entrevista dizendo: "Eu queria ter sido entrevistada por você há seis meses. Eu era outra pessoa. Completamente oprimida pela vergonha." Quando lhe perguntei o que queria dizer com isso, ela explicou que ouvira uma amiga falar sobre minha pesquisa e resolveu se voluntariar porque sua vida tinha sido transformada pela vergonha. Havia pouco tempo ela passara por uma importante reviravolta quando se viu na lista de "perdedores" em seu trabalho.

Após dois anos do que seu chefe chamava de "um trabalho impressionante, vencedor", ela cometera seu primeiro grande erro, que custou à agência um cliente importante. A reação dele foi colocá-la na lista dos "perdedores". Ela me disse: "Meu chefe mantém dois quadros brancos na porta de sua sala: um com a lista de vencedores e outro com a de perdedores. Num instante fui de um para o outro." Ela confessou que por algumas semanas mal conseguia trabalhar. Silvia perdeu a confiança e começou a faltar ao trabalho. A vergonha, a ansiedade e o medo tomaram conta dela. Depois de três semanas muito difíceis, ela pediu demissão e foi trabalhar em outra agência.

A vergonha só triunfa nos sistemas em que as pessoas desistem de se comprometer com algo para se protegerem. Quando estamos desmotivados, nós não nos mostramos, não contribuímos e deixamos de nos importar. Além disso, a falta de motivação muitas vezes leva as pessoas a tentarem justificar todo tipo de comportamento antiético, incluindo a mentira, o furto e a desonestidade. Nos casos de Don e Silvia, eles não apenas desistiram; eles foram embora e levaram seu talento para o concorrente.

Quando avaliamos nossas instituições à procura de sinais de vergonha, é importante também estar atento às ameaças externas – forças que agem fora da instituição e influenciam a maneira como líderes e subordinados se sentem em relação ao trabalho. Como professora, irmã de duas professoras da rede pública e cunhada de um diretor de colégio público, eu não preciso ir longe para encontrar exemplos disso.

Há alguns anos, minha irmã Ashley me telefonou chorando. Quando lhe perguntei o que estava acontecendo, ela me disse que o jornal *Houston Chronicle* tinha publicado o nome de todos os professores daquele distrito escolar ao lado do bônus que cada um recebeu com base nas notas padronizadas das provas de seus alunos. Eu não tinha lido o jornal naquele dia e fiquei confusa.

– Ashley, você dá aula para o jardim de infância – comentei. – Seus alunos ainda não fazem prova. Seu nome está nessa lista?

Minha irmã explicou que seu nome estava na lista e que o jornal tinha publicado que ela recebera o bônus mais baixo de todos. O que o periódico não informou foi que aquele era o bônus mais alto possível para professores do jardim de infância. Imagine o que seria isso para qualquer grupo de profissionais: publicar o salário e o bônus de todos os funcionários de uma empresa, e ainda por cima de maneira inadequada.

Ashley me disse, ainda chorando:

– Estou morrendo de vergonha. Tudo o que eu queria na vida era ser professora. Dou duro para fazer o meu melhor. Peguei dinheiro emprestado com toda a família para completar o material escolar das crianças mais necessitadas. Fico depois da hora para conversar com os pais. Existem centenas de professores que trabalham muito e não recebem nada em troca. Alguns dos melhores que conheço se oferecem para ensinar os alunos mais problemáticos, sem nem pensar como isso vai afetar seus resultados ou seu bônus. Eles fazem isso porque amam o trabalho e acreditam em seus alunos.

Infelizmente, essa abordagem injusta para a avaliação de professores se tornou uma prática aceita em todo o país. A boa notícia é que as pessoas estão finalmente se manifestando. Em resposta à Corte de Apelação do Estado de Nova York, que determinou que as avaliações do desempenho individual dos professores da rede pública podiam vir a público, Bill Gates escreveu em um artigo para o *The New York Times*:

> Desenvolver uma forma sistemática de incentivar os professores a melhorar é a ideia mais brilhante na educação de hoje. Mas uma maneira rápida de pôr tudo a perder é transformar isso em um exercício arbitrário de vergonha pública. Vamos criar um sistema que realmente ajude os professores a buscar o aprimoramento.

Quando postei o artigo de Gates em minha página do Facebook, muitos professores deixaram comentários. A resposta de um professor mais experiente me comoveu: "Para mim, ensinar é um ato de amor. Não se trata só de transferir informações, mas de criar uma atmosfera de mistério, imaginação e descoberta. Se eu começar a me desgastar por algumas decepções ou for sufocado por sentimentos de vergonha, não lecionarei mais."

Os professores não são os únicos que enfrentam a vergonha que vem de fora da instituição – quase sempre veiculada pela mídia. Muitas vezes, quando falo para profissionais que são frequentemente caluniados, menosprezados ou mal compreendidos pelo público – como advogados, dentistas e profissionais do mercado financeiro, entre outros –, eles me pedem que aborde esse assunto.

Como líderes, a atitude mais eficiente que podemos tomar quando a mídia cometer algum abuso desse tipo é protestar, cobrar precisão e responsabilidade, e mostrar como as pessoas foram prejudicadas. Em nível pessoal, podemos resistir, defendendo e estimulando as profissões que pela própria natureza operam na esfera do estresse individual.

O JOGO DA CULPA

Eis a melhor maneira de pensar sobre a relação entre vergonha e culpa: se a culpa estiver no volante, a vergonha estará no banco do carona. Nas empresas, nas escolas e nas famílias, culpar e apontar o dedo são sintomas de vergonha. As pesquisadoras da vergonha June Tangney e Ronda Dearing explicam que, nos relacionamentos baseados na vergonha, as pessoas "medem, pesam e atribuem culpa". Elas escrevem:

> Diante de qualquer resultado negativo, grande ou pequeno, *alguém* ou *algo* deve ser apontado como responsável (e prestar contas). (...) Afinal, se *alguém* é culpado e não sou eu, deve ser você! Da culpa surge a vergonha. E em seguida, a mágoa, a negação, a raiva e a retaliação.

Culpar alguém é descarregar dor e mal-estar. As pessoas culpam outras quando se sentem mal e experimentam alguma dor – quando estão vulneráveis, com raiva, magoadas, envergonhadas, frustradas. Não há nada produtivo no ato de atribuir culpa; ele geralmente implica envergonhar alguém ou simplesmente ser maldoso. Se culpar os outros é um padrão na sua cultura, então a vergonha deve ser tratada como um problema.

A CULTURA DE ESCONDER A VERDADE

Assim como a culpa é um sinal de instituições fundamentadas na vergonha, a cultura de esconder a verdade depende dela para manter as pessoas caladas e submissas. Quando uma instituição deixa transparecer que é mais importante proteger a reputação de um sistema e dos que detêm o poder do que proteger a dignidade humana de indivíduos ou comunidades, temos certeza de que a vergonha nesse lugar é sistêmica, que o dinheiro governa a ética e que ninguém assume responsabilidades. Isso acontece em corporações, ONGs, universidades, governos e até em igrejas, escolas e famílias.

Em uma cultura empresarial em que o respeito e a dignidade dos indivíduos são tidos em alta conta, a vergonha e a culpa não atuam como estilo de gerenciamento. Não há liderança pelo medo. A empatia é um bem valioso, assumir responsabilidades é uma regra, e não uma exceção, e a necessidade humana primordial por aceitação não é usada para alavancar produtividade nem para controle social. Não devemos controlar o comportamento das pessoas; no entanto, precisamos cultivar culturas empresariais em que determinados comportamentos não sejam tolerados e em que todos se disponham a proteger o que mais importa: os seres humanos.

Não solucionaremos as questões complexas que enfrentamos hoje sem criatividade, inovação e aprendizado estimulante. Não podemos permitir que nosso incômodo com a questão da vergonha nos impeça de reconhecê-la e enfrentá-la nas escolas e nos locais de trabalho. As quatro melhores estratégias para desenvolver empresas e organizações resilientes à vergonha são:

1. Apoiar líderes que desejem ousar, facilitar conversas honestas sobre o tema da vergonha e incentivar uma cultura de combate a ela.

2. Estimular um esforço consciente para detectar em que pontos a vergonha possa estar atuando na empresa e de que forma ela se dissemina na maneira como nos relacionamos com nossos colegas de trabalho e alunos.
3. Estabelecer padrões como forma de combater a vergonha. Líderes e gerentes podem criar motivação ajudando as pessoas a saberem o que querem. Quais são as dificuldades em comum? Como as pessoas lidam com elas? Quais têm sido suas experiências?
4. Levar todos os funcionários a conhecer a diferença entre vergonha e culpa, e ensiná-los a dar e receber feedback de maneira que isso encoraje o crescimento e a motivação.

DIMINUIR A LACUNA DE VALORES COM FEEDBACK DE QUALIDADE

Apoiar uma cultura em que há feedback sincero, construtivo e compromissado é viver com ousadia. Isso vale para empresas, escolas e famílias. Sei que muitas famílias têm dificuldade para lidar com essa questão; mas me espantei ao ver a falta de feedback surgir como preocupação principal nas entrevistas que se concentravam nas experiências de trabalho. As empresas de hoje estão de tal forma focadas em avaliações de desempenho que dar, receber e solicitar feedback de qualidade se tornou raro. É incomum até mesmo em escolas, onde aprender depende de um bom feedback dos professores, o qual é infinitamente mais eficaz do que notas de avaliações padronizadas geradas por computador.

O problema é claro: sem feedback não pode haver mudança transformadora. Quando não conversamos com as pessoas que estamos liderando sobre seus pontos fortes e suas oportunidades de crescimento, elas começam a questionar as próprias contribuições e o nosso comprometimento. O resultado disso é o desestímulo e o desinteresse.

Quando perguntei às pessoas por que havia tanta falta de feedback em suas empresas e suas escolas, elas usaram linguagens diferentes, mas os dois principais tópicos eram os mesmos:

1. Não nos sentimos à vontade com conversas difíceis.
2. Não sabemos como dar e receber feedback de modo a fazer as pessoas e os processos avançarem.

A boa notícia é que essas questões são facilmente reparáveis. Se uma empresa fizer da cultura do feedback uma prioridade e uma prática, em vez de apenas uma virtude desejada, a mudança será profunda. Os profissionais estão desesperados por feedback – todos queremos crescer. É preciso apenas aprender a dar um retorno de qualidade para que ele venha a inspirar crescimento e comprometimento.

O feedback tem sucesso em culturas em que a meta não é "ficar à vontade com conversas difíceis", mas *normalizar o desconforto*. Se os líderes esperam aprendizado verdadeiro, pensamento crítico e mudança, então o desconforto precisa se tornar normal: "Sabemos que crescimento e aprendizado são desconfortáveis, e isso vai acontecer aqui – vocês vão se sentir assim. Queremos que entendam que isso é normal e que será uma expectativa em nossa organização. Vocês não estão sozinhos. Apenas tenham a mente aberta e abracem essa causa." Esse modelo de desconforto normalizado deve ser adotado em todas as organizações e nas famílias também.

Aprendi a ensinar lendo livros sobre pedagogia crítica e engajada de autores como bell hooks e Paulo Freire. No início, fiquei aterrorizada com a ideia de que toda educação transformadora passa por caminhos desconfortáveis e imprevisíveis. Agora, com mais de 15 anos de magistério na Universidade de Houston, sempre digo aos meus alunos: "Se vocês estiverem confortáveis durante as minhas aulas, eu não estou ensinando e vocês não estão aprendendo. Vai ser desconfortável. É normal e faz parte do processo."

O simples processo de fazer as pessoas saberem que o desconforto é normal e que vai acontecer – e explicar por que vai acontecer e por que é importante – reduz a ansiedade, o medo e a vergonha. Assim, os períodos de desconforto se tornam uma expectativa e uma norma. Na maioria dos semestres, um ou outro aluno se aproxima de mim depois das aulas e confessa: "Ainda não fiquei desconfortável. Estou preocupado." Essas trocas em geral levam a conversas e feedbacks importantes sobre o envolvimento deles e sobre as minhas aulas. O grande desafio para os líderes é convencer sua mente e seu coração de que precisam incentivar a coragem para se colocar em uma posição desconfortável e ensinar às pessoas à sua volta a aceitar o desconforto como parte do crescimento.

Quando procuro oferecer uma orientação sobre como dar um feedback que faça pessoas e processos avançarem, eu me volto para as origens de meu trabalho no serviço social. Na minha experiência, o segredo de um retorno de qualidade é enfatizar a perspectiva dos pontos fortes. De acordo com o educador em serviço social Dennis Saleebey, enxergar o desempenho focando nos pontos fortes de uma pessoa nos dá a oportunidade de examinar nossas tarefas à luz de nossas capacidades, talentos, competências, possibilidades, visões, valores e esperanças. Esse ponto de vista não despreza a séria natureza de nossas dificuldades e pontos fracos; no entanto, ele nos leva a considerar nossas qualidades positivas como recursos potenciais. O Dr. Saleebey propõe: "É tão errado negar o que é possível quanto negar o problema."

Um método eficiente para entender nossos pontos fortes é examinar a relação entre forças e limitações. Se observarmos o que fazemos melhor e o que mais queremos mudar, veremos que os dois são, frequentemente, graus variados do mesmo comportamento central. Quase sempre podemos cometer erros e ao mesmo tempo encontrar forças escondidas.

Por exemplo, eu posso me punir por ser muito controladora e meticulosa, ou posso reconhecer que sou também muito responsável, confiável e comprometida com um trabalho de qualidade. As atitudes controladoras talvez não desapareçam, mas, ao abordá-las pela perspectiva dos pontos fortes, posso ter uma visão melhor de mim mesma e avaliar os comportamentos que gostaria de ter.

Quero enfatizar que a perspectiva dos pontos fortes não é uma ferramenta que apenas lança uma ênfase positiva sobre um problema e o considera resolvido. Mas, por nos capacitar, em primeiro lugar, a conhecer nossas forças, ela indica meios de as usarmos para enfrentar os desafios. Uma maneira de ensinar essa abordagem para meus alunos é levá-los a dar e receber feedback nas apresentações em sala de aula. Os alunos na plateia têm que identificar três pontos fortes e uma oportunidade de crescimento na apresentação do colega. É essencial que usem sua avaliação de pontos fortes para sugerir que a pessoa que apresenta o trabalho pode desenvolver uma oportunidade de crescimento específica. Por exemplo:

PONTOS FORTES

1. Você conquistou meu interesse imediatamente com a sua história pessoal emocionante.
2. Você usou exemplos que são relevantes para a minha vida.
3. Você concluiu com estratégias práticas que se relacionam com nosso aprendizado em sala de aula.

OPORTUNIDADE

Suas histórias e seus exemplos fizeram com que eu me conectasse com você e com o que você disse, mas tive dificuldade para ler o PowerPoint e escutá-lo ao mesmo tempo. Eu não queria perder nada do que você estava falando, mas me preocupei também em não perder os slides. Você devia usar menos palavras nos slides – ou talvez apresentar o trabalho sem usá-los. Você me ganhou sem eles.

Minha pesquisa deixou claro que **a vulnerabilidade está no âmago do processo de feedback**. Isso vale para quem dá, recebe ou solicita feedback. E a vulnerabilidade nunca vai embora, mesmo que estejamos capacitados e calejados em oferecer e receber retorno. No entanto, a experiência nos dá a vantagem de saber que podemos sobreviver à exposição e à incerteza, e que o risco vale a pena.

Um dos maiores equívocos que vejo as pessoas cometerem no processo de feedback é se armarem. Para se protegerem da vulnerabilidade de dar ou receber retorno, elas se preparam para a briga. É fácil presumir que o processo de feedback só parece vulnerável para a pessoa que recebe o retorno, mas não é verdade. Um compromisso honesto em torno de expectativas e atitudes é sempre repleto de incerteza, risco e exposição emocional para todos os envolvidos. Eis um exemplo: Susan, que é diretora de uma grande escola, precisa falar com uma das professoras sobre várias reclamações de pais de alunos. Os pais manifestaram preocupação com o costume da professora de falar palavrões e atender ligações pessoais em seu celular durante a aula, enquanto permite que os alunos saiam da sala, façam bagunça e usem o celular também. Nessa situação, "se armar" pode assumir várias formas.

Uma delas é Susan preencher o formulário de queixa e entregá-lo para a professora quando ela chegar à sala atendendo ao seu chamado. Susan apenas dirá: "Aqui estão as reclamações. Tome ciência de seus erros e assine aqui. E que isso não aconteça de novo." A diretora terá finalizado a reunião de advertência em um minuto. Sem explicações, sem feedback, sem crescimento, sem aprendizado – mas com o assunto rapidamente encerrado. Nesse caso, as chances de a professora mudar o seu comportamento são pequenas.

Outra maneira de se armar é se convencendo de que a outra pessoa merece ser magoada ou humilhada. Assim como a maioria de nós, Susan se sente mais confortável com a raiva do que com a vulnerabilidade, logo, ela aumenta a sua autoconfiança com uma pitada de superioridade. "Estou cansada disso. Se esses professores me respeitassem, nunca fariam coisas como essas. Cheguei ao meu limite. Ela tem sido um problema desde o primeiro dia. Se ela fizer isso de novo, estará na rua!" A oportunidade para o feedback construtivo e para o crescimento da relação foi pelo ralo. Mais uma vez, o assunto foi encerrado com rapidez, mas sem feedback, sem crescimento, sem aprendizado e, obviamente, sem mudança alguma.

Admito que tenho pavio curto e que minhas emoções costumam estar à flor da pele. Sou muito boa em demonstrar raiva, porém não tão boa em demonstrar vulnerabilidade, portanto, é fácil me armar antes de uma experiência vulnerável. Por sorte, este trabalho me ensinou que, quando me encho de superioridade, é sinal de que estou com medo. É um modo de me inflar e me proteger quando tenho medo de estar errada, de deixar alguém irritado ou de levar a culpa.

OCUPAR O MESMO LADO DA MESA

Em minha formação em serviço social, foi dada muita ênfase ao modo como conversamos com as pessoas, incluindo até mesmo onde e como devemos nos sentar. Por exemplo, não devo nunca falar com um cliente do outro lado da mesa; dou a volta e me sento em uma cadeira bem na frente da pessoa para que não haja nada entre nós. Eu me lembro da primeira vez que fui procurar uma professora de serviço social a respeito de uma nota. Ela se levantou de onde estava, sentada atrás da mesa, e pediu que eu me dirigisse a uma pequena mesa redonda que havia em sua sala. Ela então puxou uma cadeira e se acomodou bem ao meu lado.

Ao me armar previamente para aquela conversa, eu a tinha imaginado sentada atrás de sua grande mesa de ferro, e eu toda cheia de valentia mostrando a ela o meu trabalho e exigindo uma explicação para minha nota baixa. Depois que ela se sentou ao meu lado, coloquei o trabalho sobre a mesa. Então a professora disse:

– Estou feliz que você tenha vindo conversar comigo sobre o seu texto. Você foi muito bem. Adorei sua conclusão.

E me deu um tapinha nas costas. Foi só aí que constatei que estávamos do mesmo lado da mesa.

Totalmente desconcertada, falei quase sem pensar:

– Obrigada. Eu realmente me empenhei muito.

– Tenho certeza disso. Tirei alguns pontos pela formatação. Eu gostaria que focasse nisso e corrigisse o que foi marcado. Você deveria submeter o seu trabalho à publicação, e não quero que erros de formatação a prejudiquem.

Eu ainda estava confusa. *Ela considera o meu trabalho publicável? Gostou tanto assim?* A professora prosseguiu:

– Precisa de ajuda com as normas de formatação? É complicado. Levei anos para dominá-las – disse ela. *(Um grande exemplo de normalização.)*

Eu lhe assegurei que corrigiria a formatação e perguntei se ela poderia examinar o trabalho revisto. A professora concordou prontamente e me deu algumas dicas sobre o processo. Eu lhe agradeci pelo tempo e pela atenção que me dedicou e fui embora, agradecida pela nota e por ter uma professora que se importava comigo dessa maneira.

Hoje, "sentar no mesmo lado da mesa" é a minha metáfora para feedback. Eu a usei para criar o meu *Checklist de Feedback de Qualidade*:

Sei que estou pronta para dar feedback quando:

- Estou disposta a me sentar ao seu lado em vez de no outro lado da mesa;
- Desejo colocar o problema na nossa frente em vez de entre nós (ou esfregá-lo na sua cara);
- Estou pronta para ouvir, fazer perguntas e aceitar que possa não estar entendendo a questão completamente;
- Quero reconhecer o que você faz bem em vez de ressaltar os seus erros;
- Reconheço seus pontos fortes e como você pode usá-los para vencer seus desafios;
- Posso chamá-lo à responsabilidade sem envergonhá-lo ou culpá-lo;
- Estou disposta a assumir a minha parte;
- Posso lhe agradecer sinceramente por seu empenho em vez de criticá-lo por suas falhas;
- Consigo explicar como solucionar esses desafios vai levá-lo a crescer e a aproveitar novas oportunidades; e
- Consigo vivenciar a vulnerabilidade e a abertura que espero ver em você.

Como a educação poderia ser diferente se alunos, professores e pais se sentassem no mesmo lado da mesa? Como o compromisso aumentaria se os líderes se sentassem junto de seus comandados e dissessem: "Obrigado por sua contribuição. Vejam como estão fazendo a diferença. Essa questão está colaborando para o seu crescimento, e acho que podemos cuidar disso juntos. Quais são suas ideias para seguirmos adiante? Que papel acreditam que estou desempenhando nessa questão? O que posso fazer de diferente para ajudá-los?"

Voltemos ao exemplo de Susan, a diretora que estava se armando de diversas maneiras. Se ela houvesse lido esse checklist, teria percebido que não estava pronta para dar feedback, para ser uma líder. Mas, com as reclamações dos pais se amontoando em sua mesa, o tempo era um fator importante para Susan, e ela sabia que a situação precisava ser resolvida. Quando se está sob pressão, pode ser muito difícil manter a mente equilibrada para oferecer um retorno de qualidade.

Portanto, como criar um espaço seguro para a vulnerabilidade e o crescimento quando não nos sentimos abertos para isso? Feedbacks armados não proporcionam mudança duradoura e significativa – ninguém é capaz de receber feedback ou assumir responsabilidade por alguma coisa quando está sendo duramente criticado. Nosso instinto de defesa toma conta e nos protegemos.

A melhor escolha de Susan é vivenciar a abertura que ela espera ver e solicitar feedbacks a seus colegas. Quando entrevistei participantes que valorizavam retornos de qualidade e trabalhavam nisso, eles falaram sobre a importância de solicitar feedback de seus pares, pedir conselhos e se imaginar no lugar do outro numa situação difícil. Se não estivermos dispostos a solicitar feedback e recebê-lo, nunca seremos bons em oferecê-lo. Se Susan puder superar os próprios sentimentos de modo a estar presente e aberta diante de sua funcionária, ela terá muito mais chance de conseguir as mudanças que deseja.

Alguém pode questionar: “O problema da funcionária de Susan é pequeno e bem fácil de resolver. Por que ela precisa perder tempo pedindo conselhos a um colega para um problema como esse?” É uma boa pergunta que leva a uma importante resposta: o tamanho, a gravidade ou a complexidade de um problema nem sempre determinam nossa reação emocional a ele. Se a diretora não se sentar no mesmo lado da mesa com a professora, mesmo em se tratando de um problema simples ou de uma transgressão clara, nenhuma mudança significativa será alcançada. O que Susan pode aprender com seus pares é que ela foi realmente perturbada por essa professora específica ou que está se armando porque um comportamento antiprofissional está se tornando uma norma perigosa nesse grupo de docentes. Dar e solicitar feedback tem a ver com aprendizado e crescimento, e entender quem somos e como reagimos às pessoas à nossa volta é a base desse processo.

Mais uma vez, não há dúvida de que oferecer um feedback de qualidade pode ser uma questão das mais difíceis para se trabalhar. É bom lembrar, no entanto, que vitória não é receber feedback de qualidade nem evitar dar retornos difíceis. Vitória é se desarmar, se mostrar e se comprometer.

A CORAGEM PARA ESTAR VULNERÁVEL

Há algum tempo, dei uma palestra no Centro Wolff de Empreendedorismo da Universidade de Houston. O programa, que reúne cerca de 40 alunos de graduação com alto rendimento e seus mentores, oferece um abrangente treinamento na área de negócios e é considerado o maior projeto de empreendedorismo em nível de graduação acadêmica dos Estados Unidos. Fui chamada para falar aos estudantes sobre vulnerabilidade e o poder da história pessoal.

Durante o período de perguntas e respostas após a palestra, um dos alunos colocou uma questão que tenho certeza de que é frequente na cabeça das pessoas que me ouvem falar sobre vulnerabilidade. Ele disse: "Percebo quanto a vulnerabilidade é importante, mas estou no ramo das vendas, e não sei bem como deveria agir. Ser vulnerável significa que, se um cliente me fizer uma pergunta sobre algum produto e eu não souber a resposta, devo dizer o que realmente estou pensando, como 'Sou novo aqui e ainda não sei exatamente o que estou fazendo'?"

Os estudantes, que estavam ouvindo com atenção, se voltaram para mim imediatamente, como se dissessem: "É, isso parece patético. Deveríamos mesmo responder dessa maneira?"

A minha resposta foi "não". E "sim". Nesse cenário, vulnerabilidade é reconhecer e assumir que você não sabe alguma coisa; é fitar o cliente nos olhos e dizer: "No momento, não sei a resposta, mas vou descobrir. Faço questão de lhe dar a informação correta." Expliquei que a indisposição para abraçar a vulnerabilidade de não saber algo leva a pessoa muitas vezes a dar desculpas, a se esquivar da pergunta ou – no pior dos casos – mentir para o cliente. É o golpe fatal para qualquer vínculo, e se tem algo que aprendi ao palestrar para vendedores é que venda tem tudo a ver com a criação de relacionamentos.

Portanto, apesar de eu não aconselhar ninguém a usar aquelas mesmas palavras do estudante com um cliente, acredito que haja alguma virtude em compartilhar com alguém que você não sabe bem o que está fazendo – seja com um mentor que pode lhe oferecer apoio e orientação ou com um colega que possa ajudá-lo a aprender e a normalizar a experiência. Imagine o estresse e a ansiedade de não saber o que se está fazendo, mas tentar convencer um cliente de que sabe, de não ser capaz de pedir ajuda e de não ter ninguém com quem conversar sobre o seu problema. É assim que perdemos funcionários. É muito difícil continuar motivado nessas circunstâncias. A pessoa começa a poupar esforços, a não se importar mais, e acaba jogando a toalha. Depois da minha palestra, um dos mentores do grupo se aproximou de mim e disse: "Trabalhei com vendas durante minha carreira toda e posso lhe garantir que não há nada mais importante do que ter a coragem de dizer 'Eu não sei' e 'Errei'. Ser honesto e transparente é a chave do sucesso em todas as áreas da vida."

Tive a oportunidade de entrevistar Gay Gaddis, proprietária e fundadora da T3 (The Think Tank). A T3 é uma grande empresa de marketing que se especializou em campanhas inovadoras para diversas mídias. Em 1989, com os 16 mil dólares de seu plano de previdência, Gay realizou seu sonho de abrir uma agência de publicidade. Após acumular várias contas locais e regionais, hoje a T3 está entre as maiores agências do setor presididas por uma mulher. Com escritórios em Austin, Nova York e São Francisco, a T3 tem clientes como Microsoft, UPS, JPMorgan Chase, Pfizer, Allstate e Coca-Cola. Seu dinâmico tino para negócios aliado à sua cultura empresarial levaram Gay a obter reconhecimento nacional. Ela esteve na lista das 25 Maiores Mulheres Empreendedoras da revista *Fast Company* e na lista dos 10 Maiores Empresários do Ano da revista *Inc.*

Comecei a entrevista contando a ela que um jornalista de negócios me dissera que, diferentemente dos executivos de empresas que estão protegidos por camadas de sistemas, os empresários não podem se dar ao luxo de ficar vulneráveis. Quando perguntei a Gay o que achava dessa declaração, ela sorriu e disse: "Quando a gente se fecha para a vulnerabilidade, se fecha para as oportunidades."

Ela explicou um pouco mais sua visão desta forma: "Por definição, o empreendedorismo é vulnerável. Tem a ver com a capacidade de administrar e lidar com a incerteza. As pessoas estão sempre mudando, o orçamento muda, o quadro de funcionários muda, e competir significa ter que ser ágil e criativo. É preciso criar uma visão e viver de acordo com ela. E não há visão sem vulnerabilidade."

Por saber que Gay passa muito tempo lecionando e orientando profissionais, perguntei que conselho ela daria aos novos empreendedores em relação a abraçar a incerteza. Ela respondeu: "Para ter sucesso, um empresário deve se cercar de fortes redes de apoio e de bons conselheiros. Precisa aprender a calar o ruído em volta para que possa ter clareza sobre como se sente e o que pensa, e então fazer o trabalho pesado. Sem dúvida, isso tem a ver com vulnerabilidade."

Outro grande exemplo do poder da vulnerabilidade é o método de liderança adotado por Christine Day, a CEO da marca de moda atlética Lululemon. Em uma entrevista para o programa *CNN Money*, Christine contou que havia sido uma executiva muito astuta e inteligente que "tinha se diplomado em certezas". A transformação veio quando descobriu que não seria por meio de ordens que levaria os funcionários a se envolverem e vestirem a camisa da empresa. Ela aprendeu a deixá-los comprar a ideia à sua própria maneira e que a função dela era abrir espaço para o crescimento dos outros. Christine caracterizou essa mudança da seguinte maneira: deixar de ser alguém que pensa ter sempre a melhor ideia ou solução para os problemas e se tornar a melhor líder de pessoas.

A transformação que ela descreveu é a passagem do controle para o envolvimento com vulnerabilidade – correndo riscos e cultivando confiança. E ainda que a vulnerabilidade possa, às vezes, nos fazer sentir impotentes, a mudança de atitude de Christine teve um efeito poderoso. Ela aumentou o número de lojas de 71 para 174, enquanto o faturamento saltou de 297 milhões de dólares para 1 bilhão, e as ações da Lululemon subiram 300% desde sua primeira oferta pública em 2007.

Em outra entrevista, Christine falou sobre o conceito de vulnerabilidade como origem da criatividade, da inovação e da confiança. Um de seus princípios de liderança é "encontrar os mágicos". Como ela mesma explica: "Assumir responsabilidades, correr riscos e ter espírito empreendedor são qualidades que procuramos em nossos funcionários. Queremos pessoas que tragam sua própria magia. Os atletas são muito valorizados em nossa sociedade; eles estão acostumados tanto a ganhar quanto a perder. Sabem como lidar com a derrota – e como revertê-la." Ela enfatizou também a importância de permitir que as pessoas cometam erros: "Nossa regra de ouro é: se você estragou, você conserta."

Nos negócios, nas escolas, nas comunidades religiosas – em qualquer sistema –, podemos saber bastante sobre como as pessoas estão comprometidas com a vulnerabilidade ao observar com que frequência e com que abertura nós as ouvimos dizer:

- "Eu não sei."
- "Preciso de ajuda."
- "Eu discordo – podemos conversar sobre isso?"
- "Não deu certo, mas aprendi muito."
- "Sim, eu fiz isso."
- "É disso que preciso."
- "É assim que eu me sinto."
- "Eu gostaria de um feedback."
- "Posso saber o que você acha?"
- "O que posso fazer melhor da próxima vez?"
- "Você me ensina a fazer isso?"
- "Tive participação nessa questão."
- "Aceito responsabilidade por isso."
- "Estou à sua disposição."
- "Quero ajudar."
- "Vamos em frente."

- "Peço desculpas."
- "Isso significa muito para mim."
- "Obrigado."

Para os líderes, a vulnerabilidade geralmente é percebida e sentida como algo desconfortável. No livro *Tribos: Nós precisamos que você nos lidere*, Seth Godin escreve:

> É difícil encontrar liderança porque poucas pessoas estão dispostas a enfrentar o desconforto exigido para ser um líder. Essa escassez torna a liderança valiosa. (...) É desconfortável se destacar perante estranhos. É desconfortável propor uma ideia que pode fracassar. É desconfortável desafiar o status quo. É desconfortável resistir ao desejo de se acomodar. Quando identificamos o desconforto, achamos o lugar onde um líder é necessário. Se alguém não está desconfortável em sua posição de liderança, é quase certo que não está alcançando seu potencial máximo como líder.

Quando consultei os registros da pesquisa e li as anotações das entrevistas que fiz com os líderes, fiquei imaginando o que os alunos diriam para os professores e o que os professores diriam para os diretores se tivessem a oportunidade de solicitar a liderança de que precisam. O que queremos que as pessoas saibam sobre nós e o que precisamos delas?

Quando comecei a redigir as respostas para essas perguntas, notei que elas soavam como um decreto, um manifesto.

MANIFESTO PELA LIDERANÇA COM OUSADIA

Para executivos e professores. Para diretores de escola e gerentes. Para políticos, líderes comunitários e tomadores de decisão:

Nós queremos nos mostrar, queremos aprender e queremos inspirar pessoas.

Fomos criados para os relacionamentos, para a curiosidade e para o envolvimento.

Procuramos o sentido das coisas e temos um profundo desejo de criar e contribuir.

Desejamos correr riscos, acolher nossa vulnerabilidade e ser corajosos.

Quando aprender e trabalhar se tornarem desumanizados – quando vocês não nos enxergarem mais e não estimularem nossa ousadia, ou quando só virem aquilo que produzimos ou a maneira como cumprimos as tarefas –, nós nos afastaremos daquilo que o mundo mais precisa de nós: nossos talentos, nossas ideias e nossa paixão.

O que pedimos é que se envolvam conosco, revelem-se ao nosso lado e aprendam algo que venha de nós.

Dar feedback é uma atitude de respeito; quando não há conversa sincera sobre nossas forças e nossas oportunidades de crescimento, nós questionamos a nossa contribuição e o seu comprometimento.

Acima de tudo isso, pedimos que vocês se mostrem, que se deixem ser vistos e que sejam corajosos. Ousem conosco.

7

CRIANDO FILHOS PLENOS: OUSANDO SER O ADULTO QUE VOCÊ QUER QUE SEUS FILHOS SEJAM

Quem somos e a maneira como nos relacionamos com o mundo são indicadores muito mais seguros de como nossos filhos serão do que tudo o que sabemos sobre criar filhos. Em se tratando de ensinar as crianças como viver com ousadia na sociedade da escassez, a questão não é tanto "Você está educando seus filhos da maneira certa?", mas, sim, "Você é o adulto que deseja que seus filhos se tornem um dia?".

CRIAR FILHOS NA CULTURA DA ESCASSEZ

A maioria de nós gostaria de ter um manual colorido e ilustrado que ensinasse como criar filhos e respondesse a todas as nossas perguntas, oferecendo garantias de acerto e reduzindo nossa vulnerabilidade. Seria ótimo saber se, ao seguirmos certas regras ou adotarmos o método criado por algum especialista em educação, nossos filhos irão dormir a noite toda, ser felizes, fazer boas amizades, ter sucesso profissional e ficar em segurança. A incerteza sobre como criar filhos pode despertar em nós sentimentos que vão da frustração ao terror.

A necessidade de precisão em um terreno incerto como esse deixa claro como as fórmulas para a criação de filhos são, ao mesmo tempo, sedutoras e perigosas. Digo "perigosas" porque certezas geralmente produzem arbitrariedade, intolerância e julgamento. Essa é a razão pela qual os pais são tão críticos uns com os outros – nós nos apegamos a um método ou abordagem e rapidamente o *nosso* jeito se torna o *certo*. Quando nos agarramos obsessivamente às nossas escolhas sobre educação e vemos alguém praticando outras formas, geralmente percebemos essa diferença como uma afronta ao modo como educamos nossos filhos.

Criar filhos é um campo minado de vergonha e julgamento precisamente porque muitos pais têm dificuldade em lidar com a incerteza e a dúvida nessa área da vida.

Enterrada em algum lugar profundo de nossas esperanças e nossos receios a respeito da maternidade e da paternidade está a verdade assustadora de que não existe perfeição na criação de filhos nem garantias. Dos debates sobre "criação com apego" (*attachment parenting*) e sobre como as crianças são mais bem-educadas na Europa, até o desprezo das "mães tigres" e dos "pais helicópteros", as discussões exacerbadas sobre educação nos abstraem convenientemente desta verdade importante e dura: *Quem somos e a maneira como nos relacionamos com o mundo são indicadores muito mais seguros de como nossos filhos serão do que tudo o que sabemos sobre criar filhos.*

Não sou uma especialista em criação de filhos. Na verdade, acho que essa função nem sequer existe. Sou uma mãe envolvida mas imperfeita e uma pesquisadora apaixonada. Como mencionei na Introdução, sou uma construtora de mapas e uma viajante. Assim como para muitos de vocês, criar filhos é, de longe, minha aventura mais intrépida e ousada.

Desde o início da minha pesquisa sobre vergonha, sempre coletei dados sobre criação de filhos e prestei atenção em como os participantes da pesquisa falavam de suas experiências como filhos e como pais. O motivo é simples: nossas histórias de autovalorização – quando nos julgamos bons o bastante – começam com nossas famílias de origem. A narrativa certamente não termina aqui, mas o que aprendemos sobre nós mesmos e a forma como aprendemos a nos relacionar com o mundo durante a infância determinam um percurso que exigirá que gastemos uma parte significativa da vida lutando para recuperar o amor-próprio ou então nos dará esperança, coragem e força para a nossa jornada.

Não há dúvida de que nosso comportamento, nossos pensamentos e nossos sentimentos estão tanto dentro de nós quanto são influenciados pelo ambiente. Mas quando se trata de sentimentos de amor, aceitação e valorização, somos estruturalmente moldados por nossa família de origem – pelo que escutamos, pelo que nos contam e, talvez o mais importante, pela maneira como vemos nossos pais se relacionarem com o mundo.

Como pais, podemos ter menos controle do que pensamos sobre o temperamento e a personalidade dos filhos e menos controle do que desejamos sobre a cultura da escassez. No entanto, temos oportunidades poderosas de educação em outras áreas: a maneira como ajudamos os filhos a entender, potencializar e aproveitar sua estrutura emocional e como lhes ensinamos a combater as insistentes mensagens da sociedade que dizem que eles nunca serão bons o bastante. Em se tratando de ensinar as crianças a viver com ousadia na sociedade da escassez, a questão não é tanto "Você está educando seus filhos da maneira certa?", mas, sim, "Você é o adulto que deseja que seus filhos se tornem um dia?".

Como escreveu Joseph Chilton Pearce: "O que *somos* ensina mais a uma criança do que o que dizemos, portanto precisamos *ser* o que queremos que nossos filhos se tornem." Embora a vulnerabilidade da criação de filhos seja muitas vezes assustadora, não podemos nos armar contra ela nem colocá-la de lado, pois ela é o solo mais rico e mais fértil para ensinar e cultivar vínculos, significados e amor.

A vulnerabilidade está no centro da história familiar. Ela determina nossos momentos de maior alegria, medo, tristeza, vergonha, decepção, amor, aceitação, gratidão e criatividade. Quer estejamos segurando os filhos nos braços, caminhando ao lado deles, seguindo-os por toda parte ou gritando através de portas trancadas, a vulnerabilidade é o que molda quem nós somos e quem nossos filhos são.

Ao rejeitar a vulnerabilidade, transformamos a criação de filhos em uma competição que tem a ver com saber, testar, executar e mensurar, em vez de *ser.* Se colocarmos de lado a questão de "Quem é melhor?" e descartarmos os parâmetros escolares, como notas, desempenho nos esportes, troféus e conquistas, iremos concordar que o que queremos para nossos filhos é o que queremos para nós mesmos: que sejam capazes de viver e amar intensamente.

Se desejamos formar pessoas plenas, então, acima de tudo, devemos lutar para criar filhos que:

- se relacionem com o mundo como pessoas que se valorizam;
- acolham suas vulnerabilidades e imperfeições;
- tenham profundo amor e compaixão por si mesmos e pelos outros;
- valorizem o trabalho, a perseverança e o respeito;
- carreguem um sentimento de autenticidade e aceitação dentro de si, em vez de procurar isso do lado de fora;
- tenham a coragem de ser imperfeitos, vulneráveis e criativos;
- não tenham medo de passar vergonha ou sofrer rejeição se forem diferentes ou se estiverem em dificuldades;
- saibam viver nesse mundo de mudanças rápidas com coragem e flexibilidade.

Para os pais, isso significa sermos convocados a:

- reconhecer que não podemos dar aos filhos o que não temos e que, portanto, devemos deixá-los participar de nossa jornada para crescer, mudar e aprender;
- identificar nossas armaduras e ensinar nossos filhos a não vesti-las, serem pessoas vulneráveis, se mostrarem e se deixarem ser vistos e conhecidos;
- respeitar nossos filhos ao continuar nossa caminhada em direção à vida plena;
- educar na perspectiva da abundância em vez de na perspectiva da escassez;
- diminuir a lacuna de valores e praticar as virtudes que queremos ensinar;
- viver com ousadia, procurando avançar um pouco mais a cada dia.

Em outras palavras, se quisermos que nossos filhos amem e se aceitem como são, nossa tarefa é amar e nos aceitar como *nós* somos. Não podemos nos entregar ao medo, à vergonha, à culpa e ao julgamento em nossa própria vida se quisermos criar filhos corajosos. Compaixão e vínculo – as virtudes que dão sentido e significado à vida – só podem ser aprendidos se forem experimentados. E a primeira oportunidade para isso está dentro da família.

Neste capítulo, quero compartilhar o que aprendi sobre autovalorização, enfrentamento da vergonha e vulnerabilidade especificamente com minha pesquisa sobre a criação de filhos. Esse trabalho modificou profundamente a maneira como Steve e eu pensamos e nos sentimos a respeito da educação no lar. O que aprendemos com a pesquisa mudou nossas prioridades, nosso casamento e nosso comportamento no dia a dia. Por Steve ser pediatra, passamos muito tempo conversando sobre pesquisas e os vários modelos de criação de filhos. Minha meta aqui é compartilhar uma nova perspectiva sobre esse grande ato de ousadia que é criar filhos plenos.

COMPREENDENDO E COMBATENDO A VERGONHA

Não acredite no mito de que, uma vez que se tem filhos, a vida dos pais acaba e só existe a das crianças. Para muitos pais e mães, a época mais interessante e produtiva da vida acontece depois da chegada das crianças. Para a maioria de nós, as grandes dificuldades e os desafios surgem a partir da meia-idade. Ser capaz de criar filhos plenos não significa ter compreendido tudo e apenas cumprir as dicas à risca. Em vez disso, é aprender e explorar juntos o caminho. E acredite, há ocasiões em que meus filhos estão adiantados na caminhada – esperando por mim ou voltando atrás para me puxar para a frente.

Como mencionei na Introdução, se os homens e as mulheres que entrevistei na pesquisa forem divididos em dois grupos – os que têm um sentido profundo de amor e aceitação e os que se esforçam para obter isso –, somente uma variável os separa: aqueles que se sentem amados, amam, vivem e se sentem aceitos simplesmente acreditam que são *dignos* de amor e aceitação. Costumo dizer que a plenitude é como uma estrela-guia: nós nunca realmente a alcançamos, mas sabemos que estamos indo na direção certa. Para criar filhos que acreditam no próprio valor e no próprio merecimento, devemos ser o modelo para essa viagem e essa luta.

O mais importante que devemos saber sobre autovalorização é que ela não tem pré-requisitos. Muita gente, por outro lado, carrega uma longa lista de pré-requisitos de autovalorização – atributos que herdamos, aprendemos e assimilamos inconscientemente ao longo do caminho. A maior parte desses pré-requisitos se encontra nas categorias de conquistas, aquisições e aceitação externa. É o problema do *se/quando* ("Eu terei dignidade quando..." ou "Eu terei valor se..."). Isso pode não estar escrito e podemos não estar conscientes dos pré-requisitos, mas todos nós temos uma lista que diz "Eu serei valorizado...":

- quando perder alguns quilos.
- se for aceito neste curso.
- se minha esposa não estiver me traindo.
- se não nos divorciarmos.
- se eu for promovido.
- quando ficar grávida.
- quando ele me convidar para sair.
- quando nós comprarmos uma casa neste bairro.
- se ninguém descobrir.

A vergonha adora pré-requisitos. Nossa lista de valorização com limites "se/quando" se alinha perfeitamente com o modo de pensar dos *gremlins* e com o que eles gostam de nos dizer: "Não se esqueça de que sua mãe acha que você deveria perder os quilos que ganhou na gravidez... Lembre-se de que seu novo patrão respeita apenas os profissionais com MBA... Todos os seus amigos se tornaram sócios da empresa no ano passado, menos você, sabia?"

Como pais, ajudamos nossos filhos a enfrentar a vergonha e desenvolver a dignidade ficando atentos aos pré-requisitos que, consciente ou inconscientemente, estamos transmitindo a eles. Estamos lhes mandando mensagens – claras ou veladas – sobre o que os tornam mais ou menos aceitos? Ou estamos focando em comportamentos que precisam ser mudados e deixando claro que o seu valor fundamental não está em jogo?

Costumo dizer aos pais que algumas das mensagens veladas mais destrutivas que transmitimos aos nossos filhos derivam das normas femininas e masculinas que vimos no Capítulo 3. Será que estamos, aberta ou camufladamente, dizendo às nossas filhas que magreza, simpatia e submissão são pré-requisitos para a dignidade? Ou estamos ensinando a elas que enxerguem os rapazes como pessoas carinhosas e amáveis? Será que estamos enviando para nossos filhos mensagens para que sejam emocionalmente invulneráveis, que coloquem o dinheiro e o status em primeiro lugar e que sejam agressivos? Ou estamos ensinando a eles que devem tratar mulheres e meninas como pessoas capazes e inteligentes, e não como objetos?

O perfeccionismo é outra fonte de pré-requisitos. Em mais de 12 anos estudando a autovalorização, estou convencida de que o perfeccionismo é, na verdade, contagioso. Se lutarmos para sermos, vivermos e parecermos absolutamente perfeitos, também tentaremos enquadrar nossos filhos e os faremos vestir as camisas de força da perfeição. Só como um lembrete do Capítulo 4, o perfeccionismo não os ensina a se esforçar para alcançar a excelência nem a darem seu melhor. Em vez disso, os leva a valorizar o que as outras pessoas acham sobre o que eles pensam ou sentem. Ele os estimula a atuar, agradar e provar. Infelizmente, tenho muitos exemplos disso em minha vida.

Quando Ellen teve seu primeiro atraso na escola, ela caiu no choro. Ficou tão preocupada em quebrar as regras e decepcionar a professora e a diretora que desmoronou. Ficamos dizendo que não era nada de mais e que todo mundo se atrasa de vez em quando, até que ela se sentisse melhor. Naquela noite comemoramos termos sobrevivido ao nosso primeiro atraso com uma pequena "festa do atraso" após o jantar. Ela concordou, finalmente, que aquilo não era algo tão horrível assim e que as pessoas talvez não a condenassem por ela ser humana.

Quatro dias depois, numa manhã de domingo, estávamos atrasados para a igreja e eu me encontrava à beira das lágrimas.

– Por que nunca conseguimos sair de casa na hora? Vamos chegar atrasados! – reclamei.

Ellen olhou séria para mim e perguntou:

– Papai e Charlie estarão aqui em um minuto. Será que estamos perdendo alguma coisa tão importante assim?

– Não! – respondi, sem hesitar. – Só detesto chegar na igreja atrasada e ter que me esgueirar entre os assentos ocupados. O culto começa às nove horas e não às nove e cinco.

Ellen pareceu confusa por um instante, então sorriu e disse:

– Não é nada de mais. Todo mundo se atrasa de vez em quando, lembra? Eu vou dar uma festa do atraso para você quando chegarmos em casa.

Às vezes, pré-requisitos e perfeccionismo são transmitidos de maneiras muito sutis. Um dos melhores conselhos sobre criação de filhos que já recebi veio da escritora Toni Morrison. Ela estava no programa da Oprah, falando sobre seu livro *O olho mais azul*. A apresentadora mencionou que tinha lido uma passagem bonita a respeito das mensagens que transmitimos quando uma criança entra no cômodo onde estamos e pediu que sua convidada falasse sobre isso.

Toni contou que é interessante observar o que acontece quando uma criança entra numa sala.

> Repare se o rosto dela se ilumina. Quando meus filhos eram pequenos e entravam na sala, eu conferia para ver se tinham fechado a braguilha da calça, se o cabelo estava penteado e se as meias estavam esticadas. (...) Nós achamos que nosso amor e nossa afeição por eles está à mostra porque estamos cuidando deles. Mas não é nada disso. Quando eles nos olham, veem a crítica em nosso rosto e pensam: "O que está errado agora?" (...) Deixe que o rosto expresse o que está em seu coração. Hoje, quando meus filhos chegam, meu rosto diz que eu estou alegre por vê-los. É simples assim.

Penso sobre esse conselho todos os dias – ele se tornou uma prática de vida. Quando Ellen aparece na escada pronta para o colégio, não quero que meu primeiro comentário seja "Prenda seu cabelo" ou "Esses sapatos não combinam com seu vestido". Faço questão de que meu rosto expresse quanto estou feliz em vê-la, em poder estar com ela. Quando Charlie entra pela porta dos fundos e está suado e sujo depois de cuidar do jardim, vou recebê-lo com um sorriso antes de dizer "Não toque em nada até lavar as mãos". Achamos muitas vezes que ganhamos pontos na educação dos filhos ao sermos críticos, exigentes e impacientes. Esses primeiros olhares podem ser pré-requisitos ou construtores de autovalorização – a escolha é sua.

Além de manter vigilância contra os pré-requisitos e o perfeccionismo, podemos ajudar nossos filhos a desenvolverem seu senso de dignidade e autovalorização de outra maneira, o que nos remonta ao que aprendemos sobre as diferenças entre vergonha e culpa.

Minha pesquisa aponta que o indicador principal de quanto nossas crianças estarão inclinadas para a vergonha ou a culpa está na criação que lhes oferecemos. Em outras palavras, temos muita influência sobre o que nossos filhos pensam de si mesmos e de suas dificuldades. Sabendo que a vergonha está relacionada a vícios, depressão, agressão, violência, distúrbios alimentares e suicídio, e que a culpa está inversamente relacionada às consequências disso, nós vamos querer criar filhos que se habituem mais a uma conversa interna de culpa do que de vergonha.

Isso significa que devemos separar nossos filhos de seus comportamentos. Há uma diferença entre *você ser mau* e *você fazer alguma coisa má*. E não se trata apenas de semântica. A vergonha corrói a parte de nós que acredita que podemos fazer melhor e nos tornar pessoas melhores. Quando humilhamos e rotulamos nossos filhos, tiramos deles a oportunidade de crescerem e tentarem novos comportamentos. Se uma criança *conta uma mentira*, ela pode mudar esse comportamento. Se ela é *uma mentirosa*, onde está o potencial para mudança nisso?

Cultivar mais conversa interna de culpa e menos conversa interna de vergonha exige repensarmos a maneira como disciplinamos os filhos e como falamos com eles. Também é necessário explicar esses conceitos a eles. As crianças são muito receptivas a conversar sobre vergonha se estivermos dispostos a fazê-lo. Quando elas estiverem com 4 ou 5 anos, já poderemos lhes explicar a diferença entre culpa e vergonha, e dizer que os amamos mesmo quando fazem escolhas ruins.

Quando Ellen estava no jardim de infância, a professora dela me telefonou certa tarde e disse: "Agora entendi totalmente o que você faz."

Ao lhe perguntar a razão, ela me contou que naquela mesma semana tinha olhado para Ellen, que estava toda suja de tinta na aula de arte, e dito: "Ellen, você é uma sujinha!" Minha filha ficou muito séria e reagiu: "Eu posso ter feito sujeira, mas eu não sou sujinha."

Charlie também assimilou a diferença entre vergonha e culpa. Quando peguei nossa cadela procurando comida na lata do lixo, eu a repreendi dizendo: "Menina má!" Charlie apareceu, de repente, gritando: "Daisy é uma boa menina que fez uma má escolha. Nós a amamos! Só não aprovamos suas escolhas."

Quando tentei explicar a diferença, argumentando que Daisy é uma cadela, a reação dele foi: "Ah, entendi. Daisy é uma boa cadela que fez uma má escolha."

A vergonha é dolorosa para as crianças porque ela está intimamente ligada ao medo de não serem amadas. Para as mais novas e, portanto, mais dependentes, não se sentirem amadas é uma ameaça à sobrevivência. É um trauma. Estou convencida de que a razão pela qual a maioria de nós regride aos sentimentos infantis quando passa alguma vergonha é porque o cérebro armazena as experiências de vergonha como traumas e, quando elas são reativadas, nós retornamos àqueles lugares. Não temos uma pesquisa neurobiológica para confirmar isso, mas coletei centenas de entrevistas que revelam o mesmo padrão:

> Não sei o que aconteceu. Meu chefe me chamou de idiota na frente da equipe e eu não disse nada. De repente, me vi na sala de aula da professora do quarto ano e fiquei completamente mudo. Foi impossível encontrar uma boa resposta.

> Meu filho errou o segundo arremesso de lance livre e eu enlouqueci. Eu sempre disse que nunca iria fazer com meu filho o que meu pai fez comigo, mas lá estava eu gritando com ele na frente do time. Não sei como isso aconteceu.

No Capítulo 3, aprendemos que o cérebro processa a rejeição social e a vergonha da mesma maneira que processa a dor física. Suspeito que teremos, algum dia, provas científicas para confirmar minha hipótese sobre as crianças armazenarem vergonha como trauma, mas, enquanto isso, posso afirmar sem hesitação que **as experiências de vergonha na infância afetam nossa autoestima e mudam quem somos e a maneira como nos enxergamos.**

Podemos nos esforçar para não usar a vergonha como instrumento de educação, mas nossos filhos ainda assim vão se deparar com ela no mundo exterior. A boa notícia é que, quando os filhos entendem a diferença entre vergonha e culpa e descobrem que estamos interessados e abertos para conversar sobre essas experiências, eles ficam muito mais propensos a dividir conosco as dificuldades por que possam estar passando com professores, treinadores, babás, avós e outros adultos que tenham influência em suas vidas. Isso é de importância crucial porque nos dá a oportunidade de visualizar a vergonha como se fosse uma fotografia.

Costumo usar um álbum de fotografias como metáfora para falar do impacto que a vergonha tem sobre as crianças. Como pais, uma vez que aprendermos sobre a vergonha, descobriremos que, sim, nós envergonhamos nossos filhos. Isso acontece. Até mesmo com pesquisadores. Por conta da gravidade das consequências da vergonha, também começaremos a nos preocupar que os episódios de vergonha que acontecem fora do ambiente doméstico possam moldar a personalidade de nossos filhos, apesar de nossos esforços em família. E esses episódios acontecerão – insultos, humilhações e provocações são fatos corriqueiros na sociedade cruel em que vivemos. A boa notícia, porém, é que temos muita influência sobre o poder que essas experiências têm ou deixam de ter na vida das crianças.

Muitos de nós se lembram de episódios de vergonha da infância que pareceram determinantes. Porém, é mais provável que nos recordemos deles porque não processamos essas experiências com pais e mães que estivessem abertos para conversar sobre a vergonha e comprometidos a nos ajudar nesse enfrentamento. Eu não culpo mais meus pais por isso, assim como não julgo minha avó por me deixar viajar no banco da frente do carro. Eles não tinham acesso às informações que temos hoje.

Sabendo o que sei agora, penso sobre vergonha e valorização nos seguintes termos: "Isto é o álbum, e não as fotografias." Se abrirmos um álbum de fotografias e muitas das páginas contiverem fotos ampliadas de acontecimentos vergonhosos, fecharemos o álbum e nos afastaremos pensando: "A vergonha definiu esses momentos." Se, por outro lado, abrirmos o álbum e identificarmos algumas poucas fotos pequenas de episódios de vergonha, cercadas por imagens de felicidade, esperança, luta, enfrentamento, coragem, fracasso, sucesso e vulnerabilidade, os episódios de vergonha se tornarão apenas parte de uma história maior. Não serão eles que definirão o álbum.

Mais uma vez, não podemos imunizar nossos filhos contra a vergonha. Em vez disso, nossa tarefa é ensinar e aperfeiçoar a resiliência, e isso começa com conversas sobre o que é a vergonha e sobre como ela aparece em nossas vidas. Os adultos que entrevistei e que foram criados por pais que utilizavam a vergonha como instrumento básico de educação tinham muito mais dificuldade de acreditar em seu valor do que os participantes que passaram constrangimentos apenas ocasionalmente e que puderam conversar sobre isso com seus pais.

Se seus filhos já estão criados e você está se perguntando se é tarde demais para ensiná-los a combater a vergonha e a trocar o álbum, a resposta é "não" – não é tarde demais. A vantagem de assumirmos nossas histórias, mesmo as mais espinhosas, é podermos escrever o seu final.

Eis o trecho de uma carta que recebi há muitos anos de uma desconhecida:

> Seu trabalho mudou a minha vida de um modo muito estranho. Depois que minha mãe viu uma palestra sua, ela me escreveu uma longa carta, em que dizia: "Eu não fazia ideia de que existe diferença entre

vergonha e culpa. Acho que a fiz passar vergonha a vida inteira. Na verdade, eu queria usar a culpa. Nunca achei que você não fosse boa o bastante. Eu só não gostava das suas escolhas. Mas acabei envergonhando você. Não posso voltar atrás, porém preciso que saiba que você é a melhor coisa que já aconteceu na minha vida e que sinto muito orgulho de ser sua mãe." Eu não conseguia acreditar no que estava lendo. Minha mãe tem 75 anos e eu, 55. Essa confissão me trouxe cura. E mudou tudo, inclusive a maneira como trato meus próprios filhos.

Além de ajudar nossos filhos a entenderem a vergonha e usarem a conversa interna da culpa em vez da conversa interna da vergonha, devemos ser bem cuidadosos em relação ao escoamento da culpa. Mesmo que não deixemos nossos filhos constrangidos, a vergonha ainda estará presente em nossas vidas de maneiras que podem ter um forte impacto sobre nossa família. Basicamente, é impossível exigir que as crianças enfrentem a vergonha melhor do que nós. Posso estimular Ellen a amar o próprio corpo, mas o que realmente conta são as constatações que ela faz sobre o relacionamento que eu tenho com o meu corpo. Posso aliviar as inquietações de Charlie em relação ao beisebol dizendo que ele não precisa saber de tudo para começar a jogar, mas será que ele observa a mim e Steve tentando coisas novas, cometendo erros e falhando sem sermos muito autocríticos?

Por último, normalizar é uma das ferramentas mais poderosas de combate à vergonha que podemos oferecer aos filhos. Como expliquei no capítulo anterior, normalizar significa ajudar nossos filhos a saber que eles não estão sozinhos e que nós já vivenciamos muitas das mesmas dificuldades por que estão passando. Isso vale para ocasiões sociais, mudanças no corpo, situações de vergonha, sentimentos de rejeição e a vontade de ser corajoso apesar do medo. Algo sagrado acontece quando olhamos para nossos filhos e dizemos "Eu também!" ou quando contamos uma história pessoal que tem algo em comum com o desafio que eles estão enfrentando.

DIMINUIR A LACUNA DE VALORES: APOIAR NOSSOS FILHOS SIGNIFICA APOIAR OS PAIS

É importante fazer uma pausa para reconhecer a vergonha nos debates sobre "valores" parentais. Quando ouvimos conversas ou lemos livros e blogs sobre temas controversos da criação de filhos, como o trabalho feminino, a circuncisão, a vacinação, o lugar de dormir, a alimentação infantil, etc., o que se escuta é vergonha e o que se vê é mágoa. As pessoas – sobretudo as mães – exibem os mesmos comportamentos que defini, anteriormente, como vergonhosos: insultos, humilhações e bullying.

Ninguém pode afirmar que cuida do bem-estar de crianças se estiver envergonhando outros pais pelas escolhas que estão fazendo. Esse tipo de atitude cria um grande abismo de valores. Sim, a maioria de nós tem opiniões fortes sobre cada um desses assuntos, mas se realmente nos importamos com o bem-estar mais amplo das crianças, nossa tarefa é realizar escolhas que estejam em harmonia com nossos valores e apoiar outros pais que estiverem fazendo o mesmo. Além disso, devemos cuidar do nosso próprio senso de dignidade. Quando nos sentimos bem em relação às escolhas que fazemos e quando nos envolvemos com o mundo a partir de um estado mental de autovalorização, e não de escassez, não sentimos necessidade de julgar nem de atacar.

Alguém poderia levantar a seguinte questão: "Então devemos ignorar os pais que estão abusando de seus filhos?" Na verdade, alguém fazer escolhas diferentes das nossas não constitui por si só um abuso. Se houver um abuso real acontecendo, chame a polícia! Se não for caso de polícia, não devemos chamar de abuso. Como assistente social que passou um ano trabalhando em instituições de proteção à criança, tenho pouca tolerância para debates que usam com naturalidade os termos *abuso* ou *negligência* para amedrontar ou depreciar pais que estão apenas fazendo coisas que nós julgamos erradas, diferentes ou ruins.

A questão de valores na educação tem a ver com comprometimento. Você está prestando atenção? Está refletindo sobre suas escolhas? Está aberto para aprender e reconhecer o erro? Tem curiosidade e quer fazer perguntas?

Aprendi com meu trabalho que há um milhão de maneiras para se exercer uma maravilhosa e comprometida paternidade ou maternidade neste mundo, e algumas delas vão colidir com o que penso sobre a criação de filhos. Por exemplo, Steve e eu somos muito restritivos em relação ao conteúdo que as crianças podem assistir na TV – sobretudo em se tratando de violência. Nós refletimos sobre isso, conversamos e tomamos as decisões que achamos melhor. Por outro lado, temos amigos que deixam os filhos assistir a filmes e programas a que não permitimos que Ellen e Charlie assistam. Mas eles também refletiram sobre isso, conversaram e tomaram as melhores decisões que podiam. Eles apenas chegaram a uma conclusão diferente da nossa, e respeito isso.

Quando outros pais fazem escolhas diferentes das nossas, não se trata necessariamente de crítica. Viver com ousadia significa encontrar nosso próprio caminho e respeitar o que essa busca representa para outras pessoas.

DIMINUIR A LACUNA DE VALORES: ACEITAÇÃO

A autovalorização está intimamente ligada a amor *e* aceitação, e uma das melhores maneiras de mostrar aos filhos que nosso amor por eles é incondicional é ter certeza de que eles sabem que são aceitos pela família do jeito que são. Sei que isso pode parecer banal, mas tem um efeito poderoso no que, às vezes, pode ser uma questão angustiante para eles. No Capítulo 4, defini *aceitação* como o desejo humano inato de fazer parte de algo maior do que nós. Uma das maiores surpresas na minha pesquisa foi descobrir que se encaixar e ser aceito não são a mesma coisa. Na verdade, encaixar-se é um dos maiores obstáculos para a aceitação. Encaixar-se tem a ver com avaliar uma situação e tornar-se quem você precisa ser para ser aceito. A aceitação, ao contrário, não exige que você *mude*; ela exige que você seja quem realmente é.

Quando pedi a alguns alunos que estavam terminando o ensino fundamental que se dividissem em pequenos grupos e discutissem as diferenças entre *se encaixar* e *ser aceito*, suas respostas me impactaram:

- *Ser aceito* é estar em um lugar onde se quer estar e os outros o querem lá. *Se encaixar* é estar em um lugar onde se quer estar, mas os outros não estarem nem aí para você.
- *Ser aceito* é ser admirado pelo que você é. *Se encaixar* é ser admitido num grupo por ser como todos os outros.
- Eu posso ser eu mesmo se *sou aceito*. Eu tenho que ser como o outro para *me encaixar*.

Eles foram sábios em suas definições. Em seguida, falaram abertamente sobre a dor de não se sentirem aceitos em casa. Na primeira vez que pedi a alunos do ensino fundamental que levantassem definições, um deles escreveu: "Não se sentir aceito no colégio é realmente difícil. Mas não é nada, comparado ao que sentimos quando não somos aceitos em casa." Quando perguntei aos estudantes o que essa resposta significava, eles usaram os seguintes exemplos:

- Não atender às expectativas dos pais.
- Não ser tão descolado ou popular quanto seus pais gostariam que você fosse.
- Não ser tão inteligente quanto os pais.
- Não ser bom nas mesmas coisas que seus pais são ou foram.
- Deixar os pais envergonhados por não ter muitos amigos ou por não ser um atleta.
- Seus pais não gostarem de quem você é e do que você gosta de fazer.
- Sentir que os pais não se importam com o que acontece em sua vida.

Se quisermos estimular a autovalorização em nossos filhos, precisamos fazer com que eles saibam que são aceitos pela família e que esse sentimento é incondicional. O que faz disso um grande desafio é que nós mesmos lutamos por essa sensação de aceitação – para saber que somos parte de alguma coisa, não *apesar* das nossas vulnerabilidades, mas *por causa* delas. Não podemos dar aos filhos o que não temos, o que significa que precisamos trabalhar para desenvolver uma percepção de aceitação junto com eles. Aqui vai um exemplo de como podemos crescer juntos e como nossos filhos são capazes de sentir empatia.

Um dia, assim que Ellen chegou do colégio, ela começou a chorar e correu para o quarto. Imediatamente a segui e me ajoelhei diante dela perguntando o que havia de errado. Em meio a soluços, ela disse:

– Estou tão cansada de ser *os outros*! Não aguento mais isso!

Não entendi nada e pedi que me explicasse o que ela queria dizer com "os outros".

– Todo dia jogamos futebol no recreio. Dois garotos são os capitães e eles escolhem os times. O primeiro capitão diz: "Eu quero Suzie, John, Peter, Robin e Jake." O outro diz: "Eu fico com Andrew, Steve, Katie e Sue, e vamos dividir *os outros*." Todo santo dia eu sou um desses *outros*. Nunca sou escolhida pelo nome.

Fiquei de coração partido. Ellen estava sentada à beira da cama com as mãos no rosto. Eu estava tão preocupada quando a segui para o quarto que nem tinha acendido a luz. Eu não conseguia suportar a vulnerabilidade de ver minha filha sentada no escuro chorando, então levantei para ligar as luzes do quarto. O ato de procurar o interruptor para aliviar meu desconforto me fez pensar em minha citação preferida sobre escuridão e compaixão, escrita pela monja budista americana Pema Chödrön:

> Compaixão não é uma relação entre o curador e o ferido. É uma relação entre iguais. Somente quando conhecemos bem a nossa escuridão podemos nos mostrar presentes na escuridão do outro. A compaixão se torna real quando reconhecemos a humanidade que compartilhamos.

Ao acolher esse pensamento no coração, desisti de acender as luzes e voltei para me sentar com Ellen na escuridão emocional em que ela estava. Coloquei o braço em seu ombro e disse:

– Eu sei como é ser "os outros".

Ela assoou o nariz com as costas da mão e respondeu:

– Não, você não sabe. Você é muito popular.

Insisti que realmente sabia como era isso.

– Quando sou menosprezada – continuei –, sinto dor e raiva e fico me achando pequena e solitária. Não faço questão de ser popular, mas quero que as pessoas me valorizem e me tratem como alguém que importa. Que me aceitem como eu sou.

Ellen ficou espantada:

– Então você sabe! É exatamente como estou me sentindo.

Nós nos abraçamos e ela me falou de suas experiências no recreio. Eu lhe contei sobre minhas dificuldades na época da escola, quando não se sentir aceito é sempre marcante e sofrido.

Duas semanas depois, estávamos em casa e o carteiro chegou. Corri para a porta com grande expectativa. Eu iria falar em uma conferência em que havia várias celebridades e estava ansiosa para ver o cartaz do evento. Eu me recostei na poltrona, desenrolei o cartaz e comecei a procurar minha foto. Enquanto eu fazia isso, Ellen entrou na sala e disse:

– Que legal! É o cartaz que você estava esperando? Quero ver!

Quando ela se sentou no braço da poltrona, percebeu que meu semblante havia mudado da expectativa para a decepção e perguntou o que tinha acontecido.

Abri espaço na poltrona e ela se sentou ao meu lado. Estiquei bem o pôster e ela foi passando seu dedo pelas fotos.

– Não estou vendo você. Onde está? – quis saber.

Foi quando apontei para uma linha do cartaz, embaixo das fotos das celebridades, que dizia: "E outros."

Ellen se inclinou sobre a almofada da poltrona, pôs sua cabeça em meu ombro e disse:

– Ah, mamãe. Acho que dessa vez você foi um dos "outros". Sinto muito.

Eu não reagi imediatamente. Naquele instante eu estava mal não só por não haver uma foto minha, mas também por estar profundamente incomodada com esse fato. Ellen se aconchegou mais, me fitou nos olhos e comentou:

– Sei como está se sentindo, mamãe. Quando sou um dos "outros", também me sinto pequena e solitária. Todo mundo quer ter importância e ser aceito.

Aquele acabou sendo um dos melhores momentos de minha vida. Podemos não ter sempre uma sensação de aceitação no pátio do recreio ou no cartaz de uma conferência grande e elegante, mas, naquele momento, Ellen e eu sabíamos que éramos aceitas onde isso mais importava – em casa.

Ser uma mãe ou um pai perfeito não é a meta. Na verdade, os melhores presentes – os melhores instantes de ensinamento – acontecem naqueles momentos imperfeitos em que permitimos que os filhos nos ajudem a diminuir a lacuna de valores.

Susan, uma mulher que entrevistei há alguns anos, tem uma boa história sobre desenvolver a resiliência à vergonha e diminuir a lacuna de valores. Ela estava ocupada conversando com um grupo de mães na saída da escola enquanto seus filhos estavam por perto aguardando que ela os levasse para casa. As mães discutiam quem organizaria a festa de boas-vindas para os alunos novos. Todas ali detestavam a ideia de ter que fazê-lo, mas a única que se voluntariou a dar a festa tinha uma "casa imunda". Depois de falarem sobre essa mulher e sua casa por alguns minutos, todas concordaram que deixá-la organizar a festa pegaria mal para elas e para a Associação de Pais e Mestres.

Depois que se despediram, Susan pegou suas crianças (uma filha no jardim de infância e dois filhos nos primeiros anos do ensino fundamental) e seguiu para casa. Um dos filhos de Susan falou inesperadamente do banco de trás do carro:

– Você é uma ótima mãe.

– Obrigada – agradeceu Susan, sorrindo e sem entender nada.

Minutos após eles terem entrado em casa, o mesmo menino se aproximou dela chorando.

– Mãe, você está se sentindo mal? – perguntou ele.

Ela se agachou e lhe respondeu:

– Eu estou bem. Por quê? O que houve?

– Você sempre nos diz que quando as pessoas falam mal de alguém só porque ele é diferente, é porque elas mesmas não estão bem. Você disse que quando estamos felizes com quem somos, não falamos coisas ruins das outras pessoas.

Susan reconheceu imediatamente o gosto amargo da vergonha. Ela sabia que seu filho tinha ouvido a conversa dela com as outras mães na escola.

Este é o momento: o momento da criação de filhos plenos. Se estivéssemos no lugar de Susan, conseguiríamos suportar a vulnerabilidade ou precisaríamos descarregar a vergonha e o incômodo, jogando a culpa nos filhos por terem passado dos limites? Poderíamos aproveitar essa oportunidade para reconhecer a maneira maravilhosa como eles estão praticando a empatia? Seríamos capazes de errar e consertar nossos erros? Se quisermos que nossos filhos assumam seus atos e sejam honestos sobre suas experiências, teremos que agir da mesma forma.

Susan olhou para seu filhinho e disse:

– Muito obrigada por se preocupar comigo e por perguntar como estou me sentindo. Eu estou bem, mas acho que cometi um erro. Preciso de um tempo para refletir sobre tudo isso. Você está certo sobre uma coisa: eu disse coisas terríveis.

Depois que Susan caiu em si, ela se sentou com o filho e os dois conversaram. Eles discutiram sobre como é fácil se deixar levar por um grupo em que todos estejam falando de alguém. Susan foi sincera e admitiu que, às vezes, se preocupa com o que "as pessoas pensam". Ela contou que seu filho se inclinou para ela e sussurrou: "Eu também, mamãe." Eles prometeram, então, continuar conversando sobre suas experiências.

Comprometimento exige o investimento de tempo e energia. Isso significa sentar com nossos filhos e tentar entender seus mundos, seus interesses e suas histórias. Pais engajados e plenos podem ser achados em ambos os lados do polêmico debate sobre a criação de filhos. Eles vêm de tradições e culturas diferentes e defendem valores distintos. O que têm em comum é colocarem em prática os seus valores e adotarem a seguinte postura: "Eu não sou perfeito e não estou sempre certo, mas estou aqui, aberto, prestando atenção, amando-o e estando completamente presente."

Não há dúvida de que envolvimento requer sacrifício, mas foi com isso que nos comprometemos quando decidimos ser pai ou mãe. Quase sempre temos tantas exigências competindo com o tempo reservado à atenção aos filhos que chega a ser fácil pensar: "Não posso sacrificar algumas horas do meu dia para examinar a página do meu filho no Facebook ou me sentar com minha filha enquanto ela me conta em detalhes o fiasco que foi a feira de ciências de sua turma." Também luto contra isso. Mas Jimmy Grace, um sacerdote de nossa Igreja Episcopal, veio em meu socorro com uma pregação sobre a natureza do sacrifício que mudou totalmente o que penso sobre a criação de filhos. Ele explicou que, na sua forma original em latim, *sacrifício* significa *tornar sagrado* ou *tornar santo*. Acredito que quando estamos completamente comprometidos com a criação dos filhos, mesmo que de uma forma imperfeita, vulnerável e confusa, nós estamos tornando alguma coisa sagrada.

A CORAGEM PARA ESTAR VULNERÁVEL

Antes de escrever esta parte do livro, espalhei as informações coletadas na pesquisa sobre a mesa de jantar e perguntei: o que os pais consideram a coisa mais vulnerável e corajosa que eles fazem no esforço para criarem filhos plenos? Pensei que levaria dias para descobrir, mas, quando repassei as anotações de campo, a resposta estava clara: deixar os filhos travarem suas próprias lutas e experimentarem a adversidade.

Em minhas viagens pelo país constatei que parece estar crescendo a preocupação por parte de pais e professores de que as crianças e os adolescentes não estejam aprendendo a lidar com a adversidade ou a frustração porque nós estamos sempre socorrendo-os e os protegendo. O interessante é que ouço essa inquietação principalmente dos pais que estão cronicamente intervindo, socorrendo e protegendo seus filhos. Não é que nossos filhos não consigam conviver com a vulnerabilidade de lidar com as próprias situações de vida, mas somos *nós* que não suportamos a incerteza, o risco e a exposição emocional, mesmo quando sabemos que é a coisa certa a fazer.

Eu costumava me opor a deixar meus filhos fazerem as coisas do jeito deles, mas extraí um ensinamento de minha pesquisa que mudou drasticamente meu ponto de vista, e não vejo mais o socorro e a intervenção exagerada na vida dos filhos como algo inútil – agora os vejo como algo perigoso. Não me entenda mal; ainda luto e ainda me meto quando não devia, mas agora penso duas vezes antes de deixar a ansiedade ditar minhas atitudes. Isso porque sei que **a esperança faz parte da luta**. Se quisermos que nossos filhos desenvolvam altos níveis de esperança, precisamos deixá-los travar suas próprias batalhas. Aliás, além de amor e aceitação, o que mais quero que meus filhos desenvolvam é um profundo sentido de esperança.

Experiência com adversidade, determinação e coragem apareceram em minha pesquisa como importantes características da vida plena. Quando mergulhei na literatura para buscar um conceito que tivesse todos esses elementos, encontrei a pesquisa sobre esperança do Ph.D. em psicologia Charles R. Snyder. Fiquei surpresa. Primeiro, eu pensava que esperança fosse uma emoção morna e difusa – a sensação de uma possibilidade. Segundo, eu procurava alguma coisa fragmentária e que apelidava de "Plano B" – as pessoas poderiam se voltar para o Plano B quando o Plano A falhasse.

Como pode ser constatado, eu estava errada sobre esperança e certa sobre fragmentação e Plano B. De acordo com Snyder, que dedicou sua carreira a pesquisar esse tema, esperança não é uma emoção ou um sentimento; ela é uma maneira de pensar ou um processo cognitivo. As emoções têm uma função de apoio, mas a esperança é realmente um processo de pensamento composto pelo que Snyder chama de uma trilogia de metas, caminhos e ações. Em termos resumidos, a esperança ocorre quando:

- temos a capacidade de estabelecer metas realistas (*Sei aonde quero chegar*);
- somos capazes de descobrir como alcançar essas metas, incluindo a capacidade de nos mantermos flexíveis e desenvolvermos rotas alternativas (*Sei como chegar lá, sou persistente, posso tolerar frustrações e tentar novamente*);
- acreditamos em nós mesmos (*Eu posso fazer isso!*).

Portanto, a esperança é uma combinação de estabelecer metas e ter determinação e perseverança para persegui-las, além de acreditar em nossas próprias habilidades. Esperança é, portanto, um Plano B.

E aqui está a parte que me inspirou a lidar com minha própria vulnerabilidade para que eu pudesse recuar e deixar meus filhos descobrirem algumas coisas por si mesmos: a esperança é algo que se aprende!

De acordo com Snyder, os filhos geralmente aprendem a esperança com seus pais. Para isso, as crianças necessitam de relacionamentos que sejam marcados por limites, consistência e apoio. Filhos com altos níveis de esperança tiveram experiências com a adversidade. Foi dada a eles a oportunidade de lutar, e, ao fazer isso, eles aprenderam a acreditar em si mesmos.

Criar filhos que sejam esperançosos e que tenham a coragem de ser vulneráveis significa recuar da superproteção e deixá-los experimentar a decepção, lidar com os conflitos, aprender a se impor e ter a oportunidade de falhar. **Se estivermos sempre seguindo nossos filhos na arena da vida, calando as críticas e assegurando sua vitória, eles nunca aprenderão por conta própria que têm a capacidade de viver com ousadia.**

Tive uma experiência com Ellen que foi uma verdadeira lição sobre o assunto. Eu estava chegando para pegá-la na aula de natação. Estava escuro e, do carro, eu só podia enxergar sua silhueta, mas pela sua postura eu sabia que alguma coisa estava errada. Quando Ellen entrou no carro, se lançou para o banco da frente, e antes que eu pudesse perguntar qualquer coisa, ela estava chorando.

– O que aconteceu, filha? Você está bem?

Ela olhou para fora da janela, respirou fundo, enxugou as lágrimas na manga do casaco e disse:

– Vou ter que nadar os 100 metros na modalidade peito na competição de sábado.

Percebi que isso era algo realmente ruim no universo dela, por isso tentei não me mostrar aliviada – como, na verdade, eu estava, pois, para variar, eu já tinha imaginado o pior.

– Você não entende. Eu não posso competir em nado peito. Sou horrível! Você não faz ideia. Eu implorei para o professor não me inscrever nessa competição.

Eu já me preparava para responder com alguma coisa solidária e encorajadora quando acessei a entrada da garagem, mas ela me olhou direto nos olhos, pôs sua mão sobre a minha e disse:

– Por favor mamãe, me ajude. Eu ainda vou estar nadando quando as garotas já estiverem fora da piscina e as nadadoras da próxima prova estiverem se preparando para saltar. Eu sou realmente lenta nesse estilo.

Eu não podia respirar. Nem podia raciocinar com clareza. De repente, tenho 10 anos e estou no bloco de largada me preparando para nadar em uma importante competição infantil. Meu pai está na linha de largada e me envia aquele olhar que diz "vencer ou morrer". Estou na raia próxima à borda da piscina, a raia lenta. Vai ser um desastre. Momentos antes, eu estava sentada no banco das competidoras, imaginando uma corrida até minha bicicleta que estava encostada em uma cerca ali perto, quando entreouvi meu treinador dizer: "Vamos deixá-la nadar nesse grupo de crianças mais velhas. Eu não tenho certeza se ela poderá completar a prova, mas será interessante."

– Mamãe? Mamãe? Mamãe!!! Você está me ouvindo? Você vai me ajudar? Vai pedir ao treinador que me coloque em outra prova?

A vulnerabilidade se tornou incontrolável e eu quis gritar: "Sim! Você não precisa nadar em nenhuma prova que não queira. NUNCA!" Mas não o fiz. A calma foi uma de minhas novas práticas de plenitude, então respirei fundo, contei até cinco e disse:

– Deixe-me falar com seu pai.

Depois que as crianças foram dormir, Steve e eu passamos uma hora discutindo a questão de Ellen e finalmente concordamos que ela teria que se entender com o treinador. Por mais que a decisão parecesse acertada, odiei cada minuto dela e tentei de tudo, desde uma briga com Steve até culpar o treinador de Ellen por expor o meu medo e liberar minha vulnerabilidade.

Ellen ficou chateada quando lhe contei o resultado de nossa conversa, e estava ainda mais zangada quando chegou em casa naquela tarde e nos disse que seu treinador achava que era importante para ela ter uma tomada de tempo oficial naquele evento. Ela cruzou os braços sobre a mesa, baixou os olhos e chorou. Depois de um tempo, levantou a cabeça e disse:

– Eu podia desistir da prova. Muita gente perde a largada. – Uma parte de mim pensou: *Solução perfeita!* Mas então minha filha continuou: – Eu não vou ganhar. Não sou boa em nado peito nem para chegar em segundo ou terceiro lugar. E todos vão estar assistindo.

Esta era a oportunidade para redefinir o que é importante para ela. Tornar a cultura de nossa família mais importante do que o evento de natação, do que seus amigos e do que a cultura esportiva ultracompetitiva que é dominante em nossa comunidade. Olhei para Ellen e disse:

– Você pode desistir. Eu provavelmente pensaria nisso se estivesse no seu lugar. Mas e se a sua meta para essa prova de natação não for vencer e nem ao menos sair da piscina ao mesmo tempo que as outras garotas? E se a sua meta for comparecer e se molhar?

Ellen olhou para mim como se eu estivesse louca.

– Só comparecer e entrar na água? – perguntou.

Contei a ela que tinha passado muitos anos sem tentar fazer qualquer coisa em que já não fosse muito boa e que essa atitude quase me fez esquecer como é bom ser corajosa.

– Às vezes a coisa mais importante e mais corajosa a se fazer é simplesmente comparecer – expliquei.

Steve e eu decidimos não estar próximos quando Ellen fosse chamada. Na hora de as meninas se alinharem para a largada, eu nem tinha certeza de que ela estaria lá, mas estava. Ficamos no final da raia onde ela nadaria e prendemos a respiração. Ela olhou diretamente para nós, assentiu com a cabeça e ajustou seus óculos de natação.

Ellen foi a última a sair da piscina. As outras competidoras já haviam deixado a água e as meninas da prova seguinte já ocupavam seus lugares. Steve e eu gritamos e aplaudimos o tempo todo. Quando ela finalmente saiu da piscina, caminhou até seu treinador, que lhe deu um abraço e fez algum comentário sobre o seu movimento de pernas. Depois, ela se dirigiu até nós, sorrindo e um pouco chorosa. Ela olhou para o pai e para mim e disse:

– Foi bem ruim, mas eu fiz. Eu compareci e me molhei. Fui corajosa.

Escrevi este manifesto sobre criar filhos porque tive que fazê-lo. Steve e eu precisamos dele. Desprezar as comparações em uma sociedade que usa aquisições e conquistas para avaliar valor não é fácil. Uso esse manifesto como um barômetro, uma prece e uma meditação quando estou lidando com a vulnerabilidade ou quando sou assolada por medo de não ser boa o bastante em alguma coisa. Ele me faz recordar a descoberta que mudou e que, provavelmente, salvou minha vida: *Quem somos e como nos relacionamos com o mundo são indicadores muito mais fortes de como nossos filhos se sairão na vida do que tudo que sabemos sobre criação de filhos.*

MANIFESTO PELA CRIAÇÃO DE FILHOS PLENOS

Acima de tudo, quero que você saiba que é amado e que tem capacidade de amar.

Você descobrirá isso por meio de minhas palavras e atitudes: as lições sobre o amor estão na maneira como eu o trato e como eu trato a mim mesmo.

Quero que você se relacione com o mundo a partir de um sentimento de dignidade e de autovalorização.

Você descobrirá que é digno de amor, aceitação e alegria todas as vezes que me vir praticando o amor-próprio e acolhendo minhas próprias imperfeições.

Nós praticaremos a coragem em nossa família ao nos mostrarmos, ao deixarmos que nos vejam e ao valorizarmos a vulnerabilidade. Compartilharemos nossas histórias de fracasso e de vitória. Em nosso lar sempre haverá espaço para ambas.

Nós lhe ensinaremos a compaixão exercendo-a primeiro com nós mesmos, e então uns com os outros. Colocaremos e respeitaremos limites; valorizaremos o esforço, a esperança e a perseverança. Descanso e brincadeiras serão valores de família, assim como práticas de família.

Você aprenderá sobre responsabilidade e respeito ao me ver cometer erros e consertá-los, e ao ver como peço o que preciso e falo sobre como me sinto.

Quero que você conheça a alegria, para que juntos pratiquemos a gratidão.

Quero que você *sinta* alegria, para que juntos aprendamos a ser vulneráveis.

Quando a incerteza e a escassez baterem à nossa porta, você será capaz de recorrer à ética que permeia nossa vida diária.

Juntos, choraremos e enfrentaremos o medo e a tristeza. Vou desejar livrá-lo de sua dor, mas em vez disso ficarei ao seu lado e lhe ensinarei como senti-la.

Nós vamos rir, cantar, dançar e criar juntos. Sempre teremos permissão para sermos nós mesmos um com o outro. Não importa o que aconteça, você sempre será aceito em nossa casa.

Quando iniciar sua jornada para ser uma pessoa plena, o maior presente que poderei dar a você é amar intensamente e viver com ousadia.

Não irei ensiná-lo, amá-lo nem lhe mostrar as coisas de forma perfeita, mas eu me deixarei ser visto por você e sempre considerarei sagrado o dom de poder vê-lo verdadeira e profundamente.

REFLEXÕES FINAIS

Nos nove meses que levei para sintetizar e editar os meus 12 anos de pesquisa em forma de livro, voltei àquela citação de Roosevelt presente no Prólogo pelo menos umas 100 vezes. Para ser sincera, geralmente recorro a ela em momentos de raiva ou desespero, pensando: "Talvez isso seja só conversa fiada" ou "A vulnerabilidade não vale a pena". Há pouco tempo, depois de alguns comentários anônimos realmente maldosos em um site, puxei a citação do meu mural e falei diretamente com a folha de papel: "Se o crítico não importa, então por que isso dói tanto?"

O papel não respondeu.

Quando segurei a citação nas mãos, me lembrei de uma entrevista que fiz com um rapaz de 20 e poucos anos. Ele me contou que seus pais lhe mandaram alguns links de minhas palestras na TED e ele realmente gostou da ideia de ser uma pessoa plena e viver com ousadia. Quando me revelou que as palestras o haviam estimulado a dizer para a garota com quem ele vinha saindo há alguns meses que a amava, fiquei aguardando um final feliz para aquela história.

Mas não foi o que aconteceu. A garota disse que ele era ótimo, mas que pensara melhor e achava que ambos deveriam sair com outras pessoas. Quando esse rapaz voltou para seu apartamento após se declarar e levar um fora da moça, contou a história aos seus dois companheiros de quarto.

Então, ele me disse: "Os dois estavam concentrados em seus notebooks, e, sem nem erguer os olhos, um deles perguntou: 'O que você esperava?' O outro comentou que as garotas só gostam de quem não dá bola para elas, não corre atrás." Meu entrevistado então olhou para mim e continuou: "Nessa hora eu me senti um idiota. Durante alguns segundos fiquei furioso comigo mesmo e também chateado com você. Mas depois pensei melhor e me lembrei do que tinha feito. E disse para os meus colegas de quarto: 'Eu estava vivendo com ousadia, meus amigos.'"

Ele sorriu quando me contou o que veio depois: "Eles pararam de teclar, olharam nos meus olhos, concordaram com a cabeça, e um deles disse: 'Isso aí! Bola pra frente!'"

Viver com ousadia não tem nada a ver com ganhar ou perder. Tem a ver com coragem. Em um mundo onde a escassez e a vergonha dominam e sentir medo tornou-se um hábito, a vulnerabilidade é subversiva. Incômoda. Até um pouco perigosa, às vezes. E, sem dúvida, desnudar-se emocionalmente significa correr um risco muito maior de ser magoado. Mas, quando faço uma retrospectiva de minha própria vida e do que viver com ousadia provocou em mim, posso dizer com sinceridade que nada é mais incômodo, perigoso e doloroso do que constatar que estou do lado de fora da minha vida, olhando para ela e imaginando como seria se eu tivesse a coragem de me mostrar e deixar que me vissem.

Portanto, Sr. Roosevelt, acho que o senhor acertou na mosca. Realmente "não há esforço sem erros e decepções" e realmente não há vitória sem vulnerabilidade. Hoje, quando leio essa citação, mesmo quando estou me sentindo perdida, tudo em que consigo pensar é: "Isso aí! Bola pra frente!"

ANEXO

ACREDITAR NA REVELAÇÃO: A TEORIA FUNDAMENTADA NOS DADOS E MEU PROCESSO DE PESQUISA

Caminante, no hay camino, se hace camino al andar.

Esta frase do poeta espanhol Antonio Machado contém o espírito do meu processo de pesquisa e das teorias que emergiram dele. Inicialmente, eu me fixei no que pensava ser uma rota conhecida para encontrar evidência empírica do que eu sabia ser verdade. Mas logo percebi que conduzir o trabalho focando no que realmente importa para os participantes da pesquisa – pelo método da teoria fundamentada nos dados recolhidos – significaria partir do princípio de que não há rota definida e de que, certamente, não há modo de saber o que se irá encontrar.

Os desafios mais difíceis para se tornar um pesquisador pelo método da teoria fundamentada nos dados são:

1. Reconhecer que é praticamente impossível entender a metodologia da teoria fundamentada antes de utilizá-la;
2. Criar coragem para deixar os participantes da pesquisa definirem o problema da pesquisa;
3. Abrir mão de nossos interesses e ideias preconcebidas para "acreditar na revelação".

Ironicamente (ou talvez não), esses também são os desafios de se viver uma vida com ousadia e coragem.

A seguir apresento uma visão geral dos processos de planejamento, metodologia, amostragem e codificação que usei na pesquisa. Antes de repassá-los, quero agradecer a Barney Glaser e Anselm Strauss por seu trabalho pioneiro em pesquisa qualitativa e pelo desenvolvimento do método da teoria fundamentada nos dados. E ao Dr. Glaser, que aceitou vir da Califórnia para ser o metodologista do meu comitê de tese na Universidade de Houston: você literalmente mudou minha maneira de ver o mundo.

A JORNADA DA PESQUISA

Como aluna de doutorado, o poder das estatísticas e as linhas claras da pesquisa quantitativa me atraíam, mas me apaixonei pela riqueza e pela profundidade da pesquisa qualitativa. Contar histórias está no meu DNA, e não pude resistir à ideia de pesquisar como uma colecionadora de histórias.

Histórias de vida são registros com alma, e nenhuma metodologia contempla mais isso do que a teoria fundamentada nos dados. Sua diretriz é desenvolver teorias baseadas nas experiências vividas pelas pessoas em vez de comprovar ou desmentir teorias já existentes.

O pesquisador behaviorista Fred Kerlinger define teoria como "um conjunto de construções ou conceitos, definições e proposições inter-relacionados que apresenta uma visão sistemática do fenômeno, especificando as relações entre variáveis com o objetivo de explicar e prever o fenômeno". Na teoria fundamentada nos dados não se começa com um problema ou uma hipótese, nem com um exaustivo fichamento de livros – se começa com um tema. Deixamos os participantes da pesquisa definirem o problema ou a sua preocupação principal sobre o tema, desenvolvemos uma teoria e, depois, vemos como e onde ela se encaixa na literatura existente.

Eu não me propunha a estudar a vergonha – um dos sentimentos mais complexos e multifacetados que vivenciamos. Um tema que não somente levei seis anos para entender, mas que é tão forte que a simples menção da palavra *vergonha* provoca desconforto e rejeição nas pessoas. Eu havia começado inocentemente com o interesse de aprender mais sobre a anatomia do vínculo humano.

Após 15 anos de formação em serviço social, eu tinha certeza de uma coisa: estamos aqui para criar vínculos; é o que dá propósito e sentido à existência humana. O poder que o contato com o outro tem em nossas vidas foi confirmado quando a preocupação principal sobre relacionamentos apareceu como medo do isolamento; o medo de que algo que fizemos ou deixamos de fazer, de algo que somos ou o lugar de onde viemos nos torne indignos de receber amor ou de estabelecer vínculos. Aprendi que dissolvemos essa preocupação ao entendermos nossas vulnerabilidades e ao cultivarmos empatia, coragem e compaixão – o que chamo de resiliência à vergonha.

Depois de desenvolver uma teoria sobre a resiliência à vergonha e ter clareza sobre o efeito da escassez em nossas vidas, eu quis mergulhar mais fundo. O problema é que não se pode entender tudo sobre vergonha e escassez fazendo perguntas diretas sobre esses temas. Eu precisava de outra abordagem para penetrar nas experiências. Foi quando tive a ideia de pegar emprestados alguns princípios da química.

Na química, principalmente na termodinâmica, quando se tem um elemento ou propriedade que é volátil demais para se medir, geralmente é preciso recorrer a medições indiretas. Mede-se a propriedade ao combinar e reduzir componentes menos voláteis relacionados até que essas interações e manipulações revelem uma medida da propriedade original. Minha ideia era descobrir mais sobre vergonha e escassez ao explorar o que existe na sua ausência.

Sei como as pessoas vivenciam a vergonha, mas o que elas estão sentindo, fazendo e pensando quando esse sentimento não tem uma faca permanentemente em suas gargantas, ameaçando-as de serem indignas de vínculos afetivos? Como algumas pessoas estão vivendo bem ao nosso lado, nesta cultura da escassez, ainda se agarrando à crença de que são boas o bastante? Eu sabia que esses indivíduos existiam porque os havia entrevistado e usado alguns dados de seus depoimentos para consubstanciar meu trabalho sobre empatia e combate à vergonha.

Antes de voltar a mergulhar nas informações coletadas, chamei esse estudo de "vida plena". Eu procurava mulheres e homens que vivessem e amassem com o máximo de intensidade apesar dos riscos e da incerteza. Eu queria saber o que essas pessoas tinham em comum; quais eram suas preocupações principais e quais eram os padrões e questões que definiam a sua opção de viver plenamente. Registrei as descobertas desse estudo no livro *A arte da imperfeição* e em um artigo numa revista acadêmica, publicado recentemente.

A vulnerabilidade tornou-se uma categoria central em meu trabalho. Ela foi um componente indispensável tanto em meu estudo sobre a vergonha quanto no estudo sobre vida plena – e até em minha tese sobre vínculos há um capítulo sobre a vulnerabilidade. Entendi a relação entre vulnerabilidade e as outras emoções que estudei, mas depois de anos mergulhando cada vez mais fundo nesse trabalho, eu quis conhecer mais sobre a vulnerabilidade e sobre como ela atuava. A teoria fundamentada nos dados que surgiu dessa investigação é o tema deste livro e de outro artigo acadêmico na imprensa especializada.

PLANO

Como já mencionei, o método da teoria fundamentada nos dados, como foi desenvolvido originalmente por Glaser e Strauss, e aperfeiçoado por Glaser, direcionou o plano de pesquisa para meus estudos. O processo dessa teoria consiste em cinco componentes básicos: sensibilidade teórica, amostragem teórica, codificação, registro teórico e classificação. Esses cinco componentes foram integrados pelo método da comparação permanente de análise de dados. O alvo da pesquisa era compreender as "principais preocupações" dos participantes em relação às experiências com os tópicos que estavam sendo estudados (vergonha, plenitude e vulnerabilidade). Uma vez que a preocupação principal apareceu na coleta de dados, desenvolvi uma teoria capaz de explicar como os participantes resolvem rotineiramente esses anseios na vida cotidiana.

AMOSTRAGEM

A amostragem teórica – processo de coleta de informações que proporciona a criação da teoria – foi o método básico de amostragem que utilizei no estudo. Quando usa esse tipo de amostragem, o pesquisador coleta, codifica e analisa as informações simultaneamente, e emprega esse processo para determinar quais os dados a serem coletados a seguir e onde encontrá-los. Alinhada com a amostragem teórica, selecionei os participantes com base nas entrevistas de análise e codificação e nas informações secundárias.

Um princípio importante da teoria fundamentada nos dados é que os pesquisadores não devem ser capazes de presumir a relevância das informações pessoais, incluindo etnia, idade, gênero, orientação sexual, classe social e habilidades. Embora a relevância dessas variáveis não tenha sido considerada, a amostragem proposital foi utilizada com a amostragem teórica para garantir que um grupo diversificado de participantes fosse entrevistado. Em alguns momentos durante minha pesquisa, os dados de identidade sem dúvida apareceram como relevantes, e nesses casos a amostragem proposital continuou a informar a amostragem teórica. Em categorias nas quais a identidade não surgiu como relevante, a amostragem teórica foi utilizada com exclusividade.

Entrevistei 750 participantes do sexo feminino e aproximadamente 43% delas se identificaram como caucasianas, 30% como afro-americanas, 18% como latinas e 9% como asiático-americanas. As idades das participantes femininas iam de 18 a 88 anos, com uma média de 41 anos.

Entrevistei 530 participantes do sexo masculino, sendo aproximadamente 40% caucasianos, 25% afro-americanos, 20% latinos e 15% asiático-americanos. A média entre os entrevistados masculinos foi de 46 anos e a abrangência foi de 18 a 80 anos.

Muito embora o método da teoria fundamentada nos dados produza com frequência uma saturação teórica (um ponto no qual nenhum insight de novos conceitos é gerado e em que o pesquisador produziu provas repetidas para a sua categoria conceitual), com bem menos do meu total de

1.280 participantes, apareceram três teorias interligadas com muitas categorias centrais, assim como várias propriedades abastecendo de informação cada categoria. A natureza complexa e cheia de nuances da resiliência à vergonha, da plenitude e da vulnerabilidade necessitaria, sem dúvida, de uma amostragem mais extensa e abrangente.

Uma premissa básica da teoria fundamentada nos dados é a de que "tudo é informação". Glaser escreve:

> Do comentário mais breve à entrevista mais detalhada, passando por frases em revistas, livros e jornais, documentos, observações, intuições suas ou de outros, variáveis falsas ou o que mais possa aparecer no caminho do pesquisador que esteja ligado à sua área específica de pesquisa, tudo é informação relevante para a teoria fundamentada nos dados.

Além das entrevistas dos 1.280 participantes, analisei anotações de campo que extraí de livros, de conversas com especialistas, e também as feitas nos encontros com os alunos da pós-graduação que realizaram muitas das entrevistas da pesquisa e me ajudaram na análise da literatura sobre o assunto. Também gravei e codifiquei anotações de campo sobre minha experiência com aproximadamente 400 alunos de mestrado e de doutorado em serviço social nos cursos que ministrei sobre vergonha, vulnerabilidade e empatia, e com o treinamento de cerca de 15 mil profissionais das áreas de saúde mental e dependência química.

Codifiquei também mais de 3.500 trechos de informações secundárias. Isso incluiu estudos de casos clínicos e anotações, cartas e páginas de revistas. No total, codifiquei aproximadamente 11 mil ocorrências (frases e expressões das anotações de campo originais) usando o método da comparação constante (análise linha por linha). Fiz toda essa codificação manualmente, pois os programas de computador não são recomendados na teoria fundamentada glaseriana.

Coletei pessoalmente toda essa informação, com a exceção de 215 entrevistas com os participantes da pesquisa que foram realizadas por alunos de pós-graduação em serviço social que trabalharam sob minha supervisão. Com vistas a garantir confiabilidade entre os avaliadores, treinei todos eles e codifiquei e analisei todas as suas anotações de campo.

Aproximadamente metade das entrevistas aconteceu em encontros individuais e a outra metade em duplas, trios e grupos. O tempo de cada entrevista variou de 45 minutos a três horas, com uma média aproximada de uma hora. A entrevista conversacional foi adotada por ser considerada a abordagem mais eficaz da teoria fundamentada.

CODIFICAÇÃO

Utilizei o método da comparação constante para analisar as informações linha por linha e depois criei notas para organizar os conceitos emergentes e suas relações. O foco primário da análise foi identificar as principais preocupações dos participantes e o surgimento de uma variável central. À medida que realizava novas entrevistas, eu reconceituava categorias e identificava as propriedades que forneciam informações para cada categoria. Eu usava codificação seletiva quando conceitos centrais apareciam e as informações ficavam saturadas através das categorias e através de suas propriedades.

Exige-se dos pesquisadores da teoria fundamentada nos dados que conceitualizem a partir da informação coletada. Essa abordagem é muito diferente dos métodos qualitativos tradicionais, que produzem descobertas baseadas em uma farta descrição dos dados e de citações dos participantes. Para conceitualizar vergonha, plenitude e vulnerabilidade, e para identificar as preocupações principais dos participantes em relação a esses temas, analisei as informações linha por linha enquanto fazia as seguintes perguntas: o que os participantes estão descrevendo? Com que eles se importam? O que os preocupa? O que os participantes estão tentando fazer? O que explica os diferentes comportamentos, pensamentos e ações? Mais uma vez, utilizei o método da comparação constante para reexaminar os dados em relação às categorias emergentes e às suas propriedades relacionadas.

ANÁLISE DA LITERATURA

Pelas mesmas razões que a teoria fundamentada nos dados faz com que o problema da pesquisa surja da coleta de dados, um completo exame da literatura pertinente deve ser feito depois que a teoria surgir da informação coletada. Os exames da literatura feitos na pesquisa quantitativa e na pesquisa qualitativa tradicional servem de suporte a ambos os lados das descobertas da pesquisa – confirmam a necessidade de nova pesquisa, a pesquisa é conduzida, surgem descobertas independentes da literatura e, por fim, a pesquisa é novamente sustentada pela literatura para demonstrar a sua contribuição para a tese do pesquisador.

Na teoria fundamentada nos dados, estes sustentam a teoria, e a literatura é parte deles. Aprendi muito rapidamente que os pesquisadores da teoria fundamentada não podem se entregar ao exame da literatura pensando: "A teoria apareceu. Pronto. Onde ela se encaixa?" Em vez disso, o teórico precisa entender que o exame da literatura é, na verdade, uma análise, e que ela não está separada da pesquisa, mas é uma continuidade do processo.

As referências e pesquisas relacionadas que foram citadas neste livro sustentaram e forneceram informações para as teorias emergentes.

AVALIANDO A TEORIA FUNDAMENTADA

De acordo com Glaser, as teorias fundamentadas nos dados são avaliadas pela determinação de sua adequação, relevância, praticidade e flexibilidade. A teoria atinge "adequação" quando as categorias da teoria condizem com a informação coletada. Violações de adequação ocorrem quando as informações são forçadas em categorias pré-formadas ou descartadas em favor da manutenção de uma teoria já existente.

Além de ser adequada, a teoria precisa ser relevante para o movimento de sua área. Teorias fundamentadas nos dados são relevantes quando permitem que os problemas e os processos essenciais apareçam. A praticidade é alcançada se a teoria puder explicar o que aconteceu, prever o que acontecerá e interpretar o que está acontecendo em alguma área da investigação sólida ou formal. Existem dois critérios para avaliar se uma teoria "funciona" – as categorias devem se adequar e a teoria deve "trabalhar o essencial do que está acontecendo". *Trabalhar o essencial* significa que o pesquisador conceitualizou os dados de forma a capturar com precisão as principais preocupações dos participantes e como eles as expressam continuamente. Por fim, o princípio da flexibilidade determina que a teoria nunca pode ser mais correta do que sua capacidade para trabalhar a informação; ou seja, como a informação se revela na pesquisa, a teoria deve ser constantemente modificada.

Segue um exemplo: olho para vários conceitos que apresentei neste livro (como a armadura, por exemplo) e pergunto: "Essas categorias se encaixam na informação coletada? Elas são relevantes? Trabalham a informação?" A resposta é "sim", acredito que elas refletem adequadamente o que apareceu na coleta de dados. Assim como a teoria da resiliência à vergonha, meus colegas do quantitativo testarão minhas teorias sobre plenitude e vulnerabilidade, e iremos impelir adiante o desenvolvimento do conhecimento.

Ao fazer uma retrospectiva dessa jornada, percebo a verdade profunda contida na citação que compartilhei no início deste capítulo. Realmente não há um caminho pronto. Foi só porque os participantes da pesquisa tiveram a coragem de compartilhar suas histórias, experiências e sabedoria que eu consegui criar esse caminho que definiu minha carreira e minha vida. Quando entendi a importância de abraçar a vulnerabilidade e uma vida plena, passei a dizer às pessoas que fui arrebatada pela minha coleta de dados. Hoje sei que fui salva por ela.

PRATICANDO A GRATIDÃO

Não é a alegria que nos torna agradecidos;
é a gratidão que nos torna alegres.

— Irmão David Steindl-Rast

Agradeço às minhas agentes literárias Jo-Lynne Worley e Joanie Shoemaker: obrigada por acreditarem em mim e em meu trabalho.

Ao meu supervisor, Murdoch Mackinnon: você é um grande copiloto. Há outros aviões para nós pilotarmos juntos.

À minha editora e professora de redação, Polly Koch: eu não poderia ter completado esta obra sem você. Muito obrigada.

A Jessica Sindler, minha editora na Gotham: obrigada pela sabedoria, pelos insights e pelo pernoite superdivertido. Sinto-me como se tivesse ganhado na loteria dos editores.

Ao meu editor Bill Shinker e à equipe da Gotham Books, Monica Benalcazar, Spring Hoteling, Pete Garceau, Lisa Johnson, Anne Kosmoski, Casey Maloney, Lauren Marino, Sophia Muthuraj, Erica Ferguson e Craig Schneider: sou muito grata pelo talento, a paciência e o entusiasmo de vocês.

Minha gratidão ao pessoal do Speaker's Office: Holli Catchpole, Jenny Canzoneri, Kristen Fine, Cassie Glasgow, Marsha Horshok, Michele Rubino e Kim Stark.

Sou muito grata ao talento da designer Elan Morgan e ao incrível trabalho do artista Nicholas Wilton. Obrigada a Vincent Hyman por seu talento de edição e a Jayme Johnson do Worthy Marketing Group por sua sabedoria nas conexões e na comunicação.

Agradeço aos amigos e amigas que me desafiaram a aparecer, a ser corajosa e a viver com ousadia: Jimmy Bartz, Negash Berhanu, Shiferaw Berhanu, Farrah Braniff, Wendy Burks, Katherine Center, Tracey Clark, Ronda Dearing, Laura Easton, Kris Edelheit, Beverly e Chip Edens, Mike Erwin, Frieda Fromen, Peter Fuda, Ali Edwards, Margarita Flores, Jen Grey, Dawn Hedgepeth, Robert Hilliker, Karen Holmes, Andrea Corona Jenkins, Myriam Joseph, Charles Kiley, Jenny Lawson, Jen Lee, Jen Lemen, Harriet Lerner, Elizabeth Lesser, Susie Loredo, Laura Mayes, Mati Rose McDonough, Patrick Miller, Whitney Ogle, Joe Reynolds, Kelly Rae Roberts, Virginia Rondero-Hernandez, Gretchen Rubin, Andrea Scher, Peter Sheahan, Diana Storms, Alessandra de Souza, Ria Unson, Karen Walrond, Jess Weiner, Maile Wilson, Eric Williams e Laura Williams.

Aos curadores da TED×Houston: Javier Fadul, Kara Matheny e Tim DeSilva. Obrigada pela confiança e pela oportunidade.

Para a grande família TED: obrigada a Chris Anderson, Kelly Stoetzel, June Cohen, Tom Rielly, Nicholas Weinberg, Mike Lundgren e toda a equipe de disseminadores de ideias e criadores de sonho.

Às minhas assistentes de pesquisa, Sara Khonsari e Yolanda Villareal: obrigada pelo comprometimento, pela paciência e pelo trabalho árduo.

Aos nossos pais: Deanne Rogers e David Robinson, Molly May e Chuck Brown, Jacobina e Bill Alley, Corky e Jack Crisci: obrigada por sempre acreditarem em nós, nos amarem tão intensamente, serem tão apaixonados por nossos filhos e por nos ensinarem a viver com ousadia.

Aos meus irmãos, Ashley e Amaya Ruiz; Barret, Frankie e Gabi Guillen, Jason Brown; e Jen e David Alley: obrigada pelo amor, pelo apoio, pelas risadas, pelas lágrimas e pelos gestos de aprovação e de apoio.

Para Steve, Ellen e Charlie: vocês tornaram tudo possível. Não sei como tive tanta sorte. Amo vocês.

NOTAS E REFERÊNCIAS

INTRODUÇÃO

p. 12 Brown, B. (2009) *Connections: A 12-session psychoeducational shame-resilience curriculum*. Center City, MN: Hazelden.

Brown, B. (2019) *Eu achava que isso só acontecia comigo*. Rio de Janeiro: Sextante.

Brown, B. (2007) "Shame resilience theory." In Susan P. Robbins, Pranab Chatterjee e Edward R. Canda (editores), *Contemporary human behavior theory: A critical perspective for social work*, rev. ed. Boston: Ally and Bacon.

Brown, B. (2006) "Shame resilience theory: A grounded theory study on women and shame." *Families in Society, 87*, 1: 43-52.

p. 13 Brown, B. (2012) *A arte da imperfeição*. Ribeirão Preto: Novo Conceito.

p. 16 TED×Houston.

p. 16 Website principal da TED.

p. 16 Conferência principal da TED em Long Beach, Califórnia.

CAPÍTULO 1

p. 18 Recentemente um grupo de pesquisadores fez uma análise por computador: DeWall, C. Nathan; Pond Jr., Richard S.; Campbell, W. Keith e Twenge, J. (2011) "Tuning in to psychological change:

Linguistic markers of psychological traits and emotions over time in popular US song lyrics." *Psychology of Aesthetics, Creativity, and the Arts, 5,* 3: 200-207.

p. 20 Twenge, J. e Campbell, K. (2009) *The narcissism epidemic: Living in the age of entitlement.* Nova York: Simon and Schuster.

p. 24 Twist, L. (2003) *The Soul of Money: Transforming your Relationship with Money and Life.* Nova York: W.W. Norton and Company.

CAPÍTULO 2

p. 34 Do campo da psicologia do bem-estar: Aiken L., Gerend, M. e Jackson, K. (2001) "Subjective risk and health protective behavior: Cancer screening and cancer prevention." In A. Baum, T. Revenson e J. Singer (editores), *Handbook of health psychology,* pp. 727-746. Mahwah, NJ: Erlbaum.

Apanovitch, A., Salovey, P. e Merson, M. (1998) "The Yale-MTV study of atitudes of American youth." Manuscrito em preparação.

p. 34 Do campo da psicologia social: Sagarin, B.; Cialdini, R.; Rice,W. e Serna, S. (2002) "Dispelling the illusion of invulnerability: The motivations and mechanisms of resistance to persuasion." *Journal of Personality and Social Psychology, 83,* 3: 536-541.

p. 41 Gottman, J. (2011) *The Science of Trust: Emotional Attunement for Couples.* Nova York: W.W.Norton & Company.

p. 42 Gottman, J. Greater Good. 28 de outubro de 2011. Acessado em fevereiro de 2012. http://greatergood.berkeley.edu/article/item/john_gottman_on_trust_and_betrayal/(www.greatergood.berkeley.edu)

p. 45 Há alguns estudos muito respeitados sobre liderança: Fuda, P. e Badham, R. (2011) "Fire, snowball, mask, movie: How leaders spark and sustain change." *Harvard Business Review.* http://hbr.org/2011/11/fire-snowball-mask-movie-how-leaders-spark-and-sustain-change/ar/1

CAPÍTULO 3

p. 58 Em um estudo de 2011: Kross, E., Berman, M., Mischel, W., Smith, E. E. e Wager, T. (2011) "Social rejection shares somatosensory representations with physical pain." *Proceedings of the National Academy of Sciences, 108,* 15: 6270-6275.

p. 59 Para um exame mais amplo da literatura sobre vergonha e culpa ver *Shame and Guilt*, de June Price Tangney e Ronda L. Dearing (Nova York: Guilford Press, 2002).

Como acréscimo recomendo *Shame in the Therapy Hour*, editado por Ronda Dearing e June Tangney (American Psychological Association, 2011).

p. 59 Os livros e artigos a seguir exploram a ligação da vergonha com vários comportamentos:

Balcom, D.; Lee, R. e Tiger, J. (1995) "The systematic treatment of shame in couples." *Journal of Marital and Family Therapy, 21:* 55-65.

Brown, B. (2019) *Eu achava que isso só acontecia comigo.* Rio de Janeiro: Sextante.

Brown, B. (2006) "Shame resilience theory: A Grounded theory study on women and shame." *Families in Society, 87*, 1: 43-52.

Dearing, R. e Tangney, J. (editoras). (2011) *Shame in the therapy hour.* American Psychological Association.

Dearing, R.; Stuewig, J. e Tangney, J. (2005) Sobre a importância de diferenciar vergonha de culpa: "Relations to problematic alcohol and drug use." *Addictive Behaviors, 30:* 1392-1404.

Ferguson, T.J.; Eyre, H. L. e Ashbaker, M. (2000) "Unwanted identities: A key variable in shame-anger links and gender diferences in shame." *Sex Roles, 42:* 133-157.

Hartling, L.; Rosen, W., M. e Jordan, J. (2000) *Shame and humiliation: From isolation to relational transformation.* (Trabalho em andamento nº 88). Wellesley, MA: The Stone Center, Wellesley College.

Jordan, J. (1989) *Relational development: Therapeutic implica-*

tion of emphaty and shame (Trabalho em andamento nº 39). Wellesley, MA: The Stone Center, Wellesley College.
Lester, D. (1997) *Suicide and Life-Threatening Behavior, 27:* 352-361.
Lewis, H.B. (1971) *Shame and guilty in neurosis.* Nova York: International Universities Press.
Mason, M. (1991) Women and shame: Kin and culture. In C. Bepko (editor), *Feminism and addiction,* pp. 175-194. Binghampton, NY: Haworth.
Nathanson, D. (1997) Affect theory and the compass of shame. In M. Lansky e A. Morrison (editores). *The widening scope of shame.* Hillsdale, NJ: Analytic.
Sabatino, C. (1999) "Men facing their vulnerabilities: Group processes for men who have sexually offended." *Journal of Men's Studies, 8:* 83-90.
Scheff, T. (2000) "Shame and the social bond: A sociological theory." *Sociological Theory, 18:* 84-99.
Scheff, T. (2003) "Shame in self and society." *Symbolic Interaction, 26:* 239-262.
Stuewig, J.; Tangney, J.P.; Mashek, D.; Forkner, P. e Dearing, R. (2009) "The moral emotions, alcohol dependence, and HIV risk behavior in an incarcerated sample." *Substance Use and Misuse, 44:* 449-471.
Talbot, N. (1995) "Unearthing shame is the supervisory experience." *American Journal of Psychoterapy, 49:* 338-349.
Tangney, J.P., Stuewig, J. e Hafez, L. "Shame, guilt and remorse: Implications for ofender populations. *Journal of Forensic Psychiatry & Psychology.*
Tangney, J.P.; Stuewig, J.; Mashek, D. e Hastings, M. (2011) Assessing jail inmates' proneness to shame and guilt: Feeling bad about the behavior or the self? *Criminal Justice and Behavior, 38:* 710-734.
Tangney, J.P. (1992) "Situational determinants of shame and guilt

in young adulthood." *Personality and Social Psychology Bulletin, 18:* 199-206.

Tangney, J.P. e Dearing, R. (2002) *Shame and Guilt.* Nova York: Guilford.

p. 60 Klein, D.C. (1991) The humiliation dynamic. An overview. *The Jornal of Primary Prevention, 12,* 2: 93-122.

p. 63 Eagleman, D. (2011) *Incógnito – As vidas secretas do cérebro.* Rio de Janeiro: Rocco.

p. 64 Pesquisa do Stone Center, da Faculdade de Wellesley: Hartling, L.; Rosen, W.; Walker, M. e Jordan, J. (2000) "Shame and humiliation: From isolation to relational transformation (Trabalho em andamento nº 88). Wellesley, MA: The Stone Center, Wellesley College.

p. 68 Pennebaker, J. W. (2004) *Writing to heal: A guided journal for recovering from trauma and emotional upheaval.* Oakland: New Harbinger Publications.

Pennebaker, J.W. (2010) "Expressive writing in a clinical setting. *The Independent Practitioner, 30:* 23-25.

Petrie, K. J.; Booth, R.J. e Pennebaker, J.W. (1998) "The immunological effects of thought suppression." *Journal of Personality ans Social Psychology, 75:* 1264-1272.

Pennebaker, J.W.; Kiecolt-Glaser, J. e Glaser, R. (1988) "Disclosure of traumas and immune function: Health implications for psychotherapy." *Journal of Consulting and Clinical Psychology, 56:* 239-245.

Richards, J.M.; Beal, W.E.; Seagal, J. e Pennebaker, J.W. (2000) The effects of disclosure of traumatic events on illness behavior among psychiatric prison inmates." *Journal of Abnormal Psychology, 109:* 156-160.

p. 73 Frye, M. (2001) Opression. In M. Anderson e P. Collins (editores), *Race, class and gender: An anthology.* Nova York: Wadsworth.

p. 73 Mahalik, J. R.; Morray, E.; Coonerty-Femiano, A.; Ludlow, L.

H.; Slattery, S. M. e Smiler, A. (2005) "Development of the conformity to feminine norms inventory." *Sex Roles, 52:* 317-335.

p. 81 Shrauger, S. e Patterson, M. (1974) Self-evaluation and the selection of dimensions for evaluating others. *Journal of Personality, 42,* 569-585.

p. 82 Brown, B. (30 de setembro de 2002). "Reality TV bites: Bracing for a new season of bullies." *Houston Chronicle,* p. 23A.

p. 86 Mahalik, J. R.; Locke, B.; Ludlow, L.; Diemer, M.; Scott, R. P. J.; Gottfried, M. e Freitas, G. (2003) "Development of the Conformity to Masculine Norms Inventory." *Psychology of Men and Masculinity, 4:* 3-25.

Brown, C. B. (2002) "A grounded theory of developing, maintaining and assessing relevance in professional helping." Dissertation Abstracts International, 63 (02). (UMI Nº 3041999).

Brown, B. (2012) *A arte da imperfeição.* Ribeirão Preto: Novo Conceito.

Brown, B. (2007) "Shame resilience theory." In Susan P. Robbins, Pranab Chatterjee e Edward R. Canda (editores), *Contemporary human behavior theory: A critical perspective for social work*, rev. ed. Boston: Ally and Bacon.

p. 90 Williams, Margery. (1922) *The Velveteen Rabbit.* Nova York: Doubleday.

CAPÍTULO 4

p. 95-105 Dra. Kristin Neff:

Neff, K. (2011) *Self-compassion: Stop beating yourself up and leave insecurity behind.* Nova York: William Morrow.

Neff, K. (2003) "Self-compassion: An alternative conceptualization of a healthy attitude toward oneself." *Self and Identity, 2:* 85-101.

Neff, K. (2003) "The development and validation of a scale to measure self-compassion." *Self and Identity, 2:* 223-250.

p. 106 Gretchen Rubin: http://www.gretchenrubin.com/

Rubin, G. (2012) *Happier at Home: Kiss more, jump more, abandon a project, read Samuel Johnson, and my other experiments in the practice of everyday life.* Nova York: Crown Archetype.

Rubin, G. (2009) *Projeto Felicidade.* Rio de Janeiro: Best Seller, 2010.

p. 107 Andrea Scher: http://www.superherojournal.com/ e http://www.superherophoto.com/

p. 108 Nicholas Wilton: http://nicholaswiltonpaintings.com/ e http://www.artplaneworkshop.com/

p. 109 Leonard Cohen: "Anthem", *The Future,* 1992, Columbia Records.

p. 109 *Morbidity and Mortality Weekly Report (MMWR)*, novembro de 2011: "Vital Signs: Overdoses of Prescription Opioid Pain Relievers." Estados Unidos, 1999-2008.

p. 109 Stutman, Robert. Palestras em 2011 na The UP Experience. Esse vídeo pode ser assistido aqui: http://www.thestutmangroup.com/media.html#video

p. 111 Miller, J.B. e Stiver, I.P. (1997) *The healing connection: How women form relationships in both therapy and in life.* Boston: Beacon Press.

p. 116 Jennifer Louden: http://jenniferlouden.com/

Louden, J. (2007) *The Life Organizer: A woman's guide to a mindful year.* Novato, CA: New World Library.

p. 118 *The Houston Chronicle*: Brown, B. (25 de julho de 2009). "Time to get off the phone." *Houston Chronicle,* p. B7.

p. 119 Minha dissertação: Brown, C. B. (2002) "A grounded theory of developing, maintaining and assessing relevance in professional helping." Dissertation Abstracts International, 63 (02). (UMI Nº 3041999).

p. 120 Parrish, K. (2011) "Battaglia calls reducing suicides a top priority." American Forces Press Service. Departamento de Defesa dos Estados Unidos. Harrell, M. e Berglass, N. (2001) "Losing the battle:

The challenge of military suicide." Center for New American Security Policy Brief.

p. 120 Thompson, M. (13 de abril de 2010). "Is the army losing its war on suicide?" *Time.*

p. 121 Weiss, D.C. (2009) "Perfectionism, 'psychic battering' among reasons for lawyer depression." *American Bar Association Jornal.*

p. 122 Team Red, White and Blue: http://www.teamrwb.org/

CAPÍTULO 5

p. 136 Deal, T. e Kennedy, A. (2000). *Corporate cultures. The rites and rituals of corporate life.* Nova York: Perseus.

CAPÍTULO 6

p. 146 Robinson, K. (2011) *Libertando o poder criativo.* São Paulo: MSM Editora.

p. 148 The Workplace Bullying Institute: http://www.workplace-bullying.org/wbireasearch/2010-wbi-national-survey/

p. 148 Bullying no trabalho: Deschenaux, J. (2007) *Experts: Anti-bullying policies increase productivity.* Encontrado em http://www.shrm.org/LegalIssues/EmployementLaw

p. 151 Gates, B. (22 de fevereiro de 2012). "Shame is not the solution." *The New York Times.*

p. 152 Tangney, J. P. e Dearing, R. (2002) *Shame and guilt.* Nova York: Guilford.

p. 155 Freire, P. (1968) *Pedagogia do oprimido,* São Paulo: Paz e Terra.
hooks, b. (1994) *Teaching to transgress: Education as the price of freedom.* Nova York: Routledge.

p. 156 Saleebey, D. (1996) The strenghts perspective in social work practice: Extensions and cautions. *Social Work, 41,* 3: 296-306.

p. 164 CNN/Money: http://management.fortune.cnn.com/2012/03/16/lululemon-christineday. Acessado em março de 2012.

p. 166 Godin, S. (2008) *Tribo: Nós precisamos que você nos lidere.* Rio de Janeiro: Alta Books Editora.

CAPÍTULO 7

p. 176 *The Oprah Winfrey Show.* Harpo Studios. 26 de maio de 2000.

p. 190 Snyder, C.R. (2003) *Psychology of hope: You can get there from here.* Nova York: Free Press.

Snyder, C. R.; Lehman, Kenneth A.; Kluck, Ben e Monsson, Yngve. (2006) "Hope for rehabilitation and vice versa". *Rehabilitation Psychology, 51,* 2: 89-112.

Snyder, C.R. (2002) "Hope theory: Rainbows in the mind". *Psychological Inquiry, 13,* 4: 249-275.

ANEXO

p. 200 Glaser, B. e Strauss, A. (1967) *The discovery of grounded theory.* Chicago: Aldine.

Glaser, B. (1978) *Theoretical sensitivity: Advances in the methodology of grounded theory.* Mills Valley, CA: Sociological Press.

Glaser, B. (1992) *Basics of grounded theory: Emergence versus forming.* Mill Valley, CA: Sociological Press.

Glaser, B. (1998) *Doing grounded theory: Issues and discussions.* Mill Valley, CA: Sociological Press.

Glaser, B. (2001) *The grounded theory perspective: Conceptualization contrasted with description.* Mill Valley, CA: Sociological Press.

p. 200 Kerlinger, Fred N. (1973) *Foundations of behavioral theory,* 2ª edição. Nova York: Holt, Rinehart and Winston.

p. 202 Glaser, B. e Strauss, A. (1967). *The Discovery of grounded theory.* Chicago: Aldine.

P. 202 Glaser, 1978, 1992, 1998, 2001.

p. 204 "Tudo é informação": Glaser, 1998.

SOBRE A AUTORA

A Dra. Brené Brown, professora e pesquisadora na Universidade de Houston, estuda há duas décadas a coragem, a vulnerabilidade, a vergonha e a empatia. Escreveu os livros *A coragem de ser imperfeito*, *Mais forte do que nunca* e *Eu achava que só acontecia comigo*, que ocuparam o primeiro lugar da lista dos mais vendidos do *The New York Times*. Apresentadora de dois podcasts premiados, *Unlocking Us* e *Dare to Lead*, passa a maior parte do tempo atuando em organizações ao redor do mundo, ajudando a desenvolver líderes mais corajosos e culturas organizacionais mais ousadas. Em 2024, foi nomeada diretora executiva do *Center for Daring Leadership*, na BetterUp. Sua palestra "O poder da vulnerabilidade" é uma das mais vistas de toda a série de conferências TED, tendo sido assistida por mais de 60 milhões de pessoas.

CONHEÇA OUTROS LIVROS DE BRENÉ BROWN

Mais forte do que nunca

Caia. Levante-se.
Tente outra vez.

Se todos nós levamos rasteiras da vida, como certas pessoas conseguem enfrentar tantas adversidades e, mesmo assim, sair mais fortes?

Com base em um ampla pesquisa, Brené Brown apresenta as características de personalidade, os padrões emocionais e os hábitos mentais que nos possibilitam transcender as catástrofes da vida e renascer – não totalmente ilesos, porém mais plenos e realizados, vivendo com mais propósito e significado.

A arte da imperfeição

Abandone a pessoa que você acha
que deve ser e seja você mesmo

Brené Brown nos encoraja a questionar a necessidade crônica de perfeição e nos mostra que aceitar nossas vulnerabilidades é o melhor caminho para relações mais próximas e uma vida significativa.

Por meio de uma sólida pesquisa e de emocionantes histórias, ela mostra como podemos nos libertar do perfeccionismo, da vergonha e do medo.

Eu achava que isso só acontecia comigo

Como combater a cultura da vergonha e
recuperar o poder e a coragem

Com base em anos de uma pesquisa inovadora e centenas de entrevistas, Brené Brown revela uma verdade transformadora: nossas imperfeições são o que nos conectam uns aos outros e à nossa humanidade.

Neste livro, ela apresenta estratégias para transformar nossa capacidade de amar, trabalhar, educar nossos filhos e construir relacionamentos.

E mostra que nossas vulnerabilidades não são fraquezas, mas lembretes para mantermos o coração e a mente abertos à realidade de que estamos todos juntos nisso.

CONHEÇA ALGUNS DESTAQUES DE NOSSO CATÁLOGO

- Augusto Cury: Você é insubstituível (2,8 milhões de livros vendidos), Nunca desista de seus sonhos (2,7 milhões de livros vendidos) e O médico da emoção
- Dale Carnegie: Como fazer amigos e influenciar pessoas (16 milhões de livros vendidos) e Como evitar preocupações e começar a viver
- Brené Brown: A coragem de ser imperfeito – Como aceitar a própria vulnerabilidade e vencer a vergonha (900 mil livros vendidos)
- T. Harv Eker: Os segredos da mente milionária (3 milhões de livros vendidos)
- Gustavo Cerbasi: Casais inteligentes enriquecem juntos (1,2 milhão de livros vendidos) e Como organizar sua vida financeira
- Greg McKeown: Essencialismo – A disciplinada busca por menos (700 mil livros vendidos) e Sem esforço – Torne mais fácil o que é mais importante
- Haemin Sunim: As coisas que você só vê quando desacelera (700 mil livros vendidos) e Amor pelas coisas imperfeitas
- Ana Claudia Quintana Arantes: A morte é um dia que vale a pena viver (650 mil livros vendidos) e Pra vida toda valer a pena viver
- Ichiro Kishimi e Fumitake Koga: A coragem de não agradar – Como se libertar da opinião dos outros (350 mil livros vendidos)
- Simon Sinek: Comece pelo porquê (350 mil livros vendidos) e O jogo infinito
- Robert B. Cialdini: As armas da persuasão (500 mil livros vendidos)
- Eckhart Tolle: O poder do agora (1,2 milhão de livros vendidos)
- Edith Eva Eger: A bailarina de Auschwitz (600 mil livros vendidos)
- Cristina Núñez Pereira e Rafael R. Valcárcel: Emocionário – Um guia lúdico para lidar com as emoções (800 mil livros vendidos)
- Nizan Guanaes e Arthur Guerra: Você aguenta ser feliz? – Como cuidar da saúde mental e física para ter qualidade de vida
- Suhas Kshirsagar: Mude seus horários, mude sua vida – Como usar o relógio biológico para perder peso, reduzir o estresse e ter mais saúde e energia